O MERCADO DO ALUGUEL E A **MÍSTICA DA LINHA AZUL** PARA OS MARATONISTAS.

A chamada "blue line" é uma linha pintada no asfalto que percorre todo o percurso das maratonas, já tangenciado, somando os exatos 42.195 metros da prova.

Ou seja, ela demarca a rota mais curta entre o início e o fim da maratona, garantindo que você corra a distância precisa, sem desperdiçar energia percorrendo metros a mais.

A MARATONA DO MERCADO IMOBILIÁRIO **É A LOCAÇÃO.**

Construir uma carteira de aluguel expressiva consome décadas de dedicação, uma jornada em que os pensamentos de desistência são frequentes.

Para evoluir na locação, é fundamental fazer ajustes contínuos em processos e, principalmente, ter visão de longo prazo.

Foi unindo duas paixões - maratona e imobiliárias - que **Rodrigo Werneck e Daniel Santos, sócios da CredAluga**, decidiram escrever a linha azul do aluguel, um livro em que colocam todo o seu conhecimento sobre gestão da locação para apoiar donos de imobiliárias na busca pelo crescimento sustentável no aluguel, sempre percorrendo o caminho mais inteligente.

Boa leitura.

Rodrigo Werneck
Daniel Santos

A MARATONA DO ALUGUEL

MANUAL PRÁTICO DE GESTÃO PARA IMOBILIÁRIAS

Presidente do conselho:
Maurício Sita

Presidente:
Alessandra Ksenhuck

Vice-presidentes:
Cláudia Pires e Julyana Rosa

Diretora de projetos:
Gleide Santos

Consultora de projetos:
Amanda Leite

Editor:
Anselmo Vasconcelos

Assistentes editoriais:
Emerson Xavier e Júlia Almeida

Capa:
CredAluga

Projeto gráfico e diagramação:
Gabriel Uchima

Revisão:
Giovana Mattoso e Paulo Mello

Impressão:
Printi

Dados Internacionais de Catalogação na Publicação (CIP)
(Câmara Brasileira do Livro, SP, Brasil)

Werneck, Rodrigo
A maratona do aluguel : manual prático de gestão para imobiliárias / Rodrigo Werneck, Daniel Santos. -- São Paulo : Literare Books International, 2025.

ISBN 978-85-9455-395-9

1. Imóveis - Comercialização 2. Locação de imóveis I. Santos, Daniel. II. Título.

25-263260 CDD-657.8

Índices para catálogo sistemático:

1. Imobiliárias : Administração 657.8

Eliete Marques da Silva - Bibliotecária - CRB-8/9380

Literare Books International.
Alameda dos Guatás, 102 – Saúde – São Paulo, SP.
CEP: 04053-040
Fone: +55 (0**11) 2659-0968
site: www.literarebooks.com.br
e-mail: literare@literarebooks.com.br

MISTO
Papel | Apoiando o manejo florestal responsável
FSC® C196274

AGRADECIMENTOS

Seria enorme o risco de injustiça se decidíssemos listar os nomes de imobiliaristas que nos inspiram e muito nos ensinaram pelo Brasil afora.

Assim, agradecemos genericamente a todos os empreendedores que nos abriram as portas, e não foram poucas, nesses anos de viagens pelo país em nome da CUPOLA e da CredAluga. Sempre fomos recebidos com hospitalidade e café quente, além de levarmos na bagagem aprendizados que nos permitiram produzir este livro.

Um agradecimento especial ao time de sócios e consultores da CUPOLA, uma empresa que vem sendo protagonista na transformação do mercado imobiliário brasileiro.

Nosso obrigado também às nossas esposas, Marcia e Isadora, por caminharem ao nosso lado e serem nossas grandes parceiras de vida. E aos nossos filhos, Valentino, Cecília, Bruno e Luca, que nos ensinam, orgulham e permitem novos olhares diariamente.

PREFÁCIO

Por Arthur Thomazi

Não escaparão a quem ler este livro a clareza e a profundidade com que são enfrentados os desafios da gestão do aluguel. Em uma operação cujo sucesso depende de processos bem definidos e de adaptação constante, esta é uma obra essencial para aqueles que desejam iniciar ou expandir seus negócios na locação de forma estratégica e sustentável.

Só quem "sujou os pés de barro" visitando imobiliárias em todos os cantos do país ou esteve à frente do aluguel em uma das imobiliárias mais relevantes do Brasil é capaz de compreender as dores e oportunidades desse mercado.

Rodrigo e Daniel unem experimentação e visão estratégica para oferecer uma abordagem completa rumo à urgente profissionalização da administração de locação, que inevitavelmente passa por gestão de pessoas, tecnologia, estruturação estratégica de processos, um modelo comercial bem definido e, principalmente, foco no cliente – e em seu comportamento.

A falta de um material que organizasse essas frentes de maneira inteligente, didática e imediatamente aplicável chegou ao fim. O jogo de longo prazo do aluguel, assim como uma maratona, exige planejamento, resistência e estratégia.

Com este livro sempre à mão, imobiliárias e gestores estarão preparados para enfrentar desafios e construir uma operação sólida e rentável.

SUMÁRIO

INTRODUÇÃO

Da sobrevivência à expansão:

como escalar sua imobiliária com inteligência

Para quem pratica corrida de rua, encarar uma maratona soa quase impossível. Um projeto que beira a utopia, dado o sacrifício que é percorrer seus exatos 42.195 metros. Muitos atletas que largam acabam ficando pelo caminho em razão da exaustão física enfrentada no temido quilômetro 35, quando a energia do corpo desaba e ainda faltam mais de sete quilômetros pela frente. Se não bastassem as pernas pesadas, o cérebro torna-se o maior inimigo, com pensamentos de desistência que se tornam cada vez mais frequentes. Ou você está mental e fisicamente forte para seguir adiante enquanto os músculos pedem trégua, ou irá experimentar algumas das horas/minutos mais desconfortáveis da sua vida. O que isso tem a ver com a locação de imóveis? Tudo!

Esporte e mercado imobiliário se entrelaçam na vida dos coautores deste livro. Jornalista de formação, Rodrigo Werneck descobriu a locação em 2012, quando já empreendia na CUPOLA, até então uma agência de comunicação. Os primeiros passos da CUPOLA ao lado de imobiliárias foram na Gonzaga, uma das maiores carteiras de aluguel de Curitiba (PR), empresa então liderada por Marília Gonzaga, que buscava fazer a sua transformação digital. Dessa parceria nasceram iniciativas vanguardistas para o seu tempo – mais de dez anos atrás – como o Aluguel Express, que prometia a entrega de chaves em 24 horas, ou então o Seguro Fiança Gratuito, que possibilitava ao inquilino contratar a garantia locatícia com os custos assumidos pelo locador, dentro de uma conjuntura de vacância crescente dos imóveis àquela época.

O case da Gonzaga, que chegou a passar de 300 novas locações mensais nesse período, alavancou a CUPOLA ao cenário nacional do mercado imobiliário, tornando-a também uma empresa de educação e consultoria com imobiliárias clientes nas cinco regiões do Brasil. A especialização foi um divisor de águas na história da CUPOLA, que acelerou seu crescimento com o apoio de um engajado time de sócios, consultores e profissionais especialistas, com cerca de 100 colaboradores. Na condição de CEO e estrategista-chefe da CUPOLA, Werneck encabeçou o projeto, assumindo o desafio de visitar e conhecer com profundidade as imobiliárias que sua empresa se propunha a ajudar, uma rotina presente na sua vida até hoje.

Por ano, são mais de 100 imobiliárias visitadas presencialmente, o que impõe uma frenética dinâmica de viagens que, por vezes, o leva à beira da exaustão. Uma agenda que só se torna possível de ser cumprida graças ao esporte. A corrida de rua entrou na vida de Werneck em 2014, quando ele se preparava para ser pai. Inicialmente uma forma de combater o sobrepeso, logo se tornou uma tática para adquirir disciplina e constância. A primeira maratona veio quatro anos depois, em 2018, no Rio de Janeiro, sem a preparação adequada por motivos de saúde. O fraco desempenho, com paradas no caminho para andar e evitar câimbras, virou incentivo para uma mudança de postura. A maratona seguinte, só em 2022 por conta da pandemia, teve resultado muito superior em razão dos treinos levados a sério e de ajustes na alimentação, como a restrição de álcool e açúcar.

De lá para cá, todos os anos, Werneck se desafia a percorrer uma nova maratona, sempre buscando melhorar o desempenho com ajustes na preparação que vão desde o fortalecimento muscular até a suplementação. Esse exercício contínuo de identificar melhorias possíveis e executá-las, ainda que com algum esforço e desconforto, não lhe parece familiar enquanto empresário ou líder na locação? Sim, assim como na maratona, o aluguel é um processo e um universo de detalhes repleto de evoluções operacionais que podem ser realizadas e mudar a sua empresa de patamar.

Daniel Santos, coautor deste livro, também percorreu sua própria maratona no mercado de locação ao longo da última década. Administrador formado pela UFMG e com MBA na Universidade de Chicago, iniciou sua trajetória profissional como consultor estratégico de grandes empresas em São Paulo. Mas foi em 2013 que sua jornada no aluguel começou de fato, quando decidiu se associar ao pai na Casa Mineira, em Belo Horizonte, enxergando as grandes oportunidades desse mercado.

Fundada em 1983, a Casa Mineira já havia se consolidado como líder em compra e venda na capital mineira. Daniel, no entanto, percebeu o potencial da locação e ajudou a impulsionar o segmento dentro da empresa, ampliando a carteira de 500 para 5.000 imóveis administrados. Esse crescimento exponencial, resultado de processos bem estruturados e de uma visão estratégica, culminou na construção de uma das imobiliárias mais admiradas do Brasil, que acabou sendo adquirida pelo QuintoAndar em 2021.

Assim como Werneck, Daniel também se aventurou na corrida de rua, concluindo meias-maratonas em Belo Horizonte, Rio de Janeiro e Chicago. E, em 2022, resolveu dar um passo além: a Maratona de Nova York. Mas a experiência foi um duro lembrete de que grandes desafios exigem preparação. No quilômetro 35, precisou abandonar a prova. O motivo? Erros clássicos: falta de preparação adequada, ritmo inicial muito forte e um calor inesperado no dia da corrida.

Foi um fracasso? De forma alguma. Foi um aprendizado. A experiência ensinou a Daniel que grandes desafios – seja correr uma maratona ou escalar um negócio – exigem seriedade, planejamento e ajustes constantes de rota. São esses princípios que também norteiam o crescimento de uma imobiliária e fazem a diferença entre ficar pelo caminho ou cruzar a linha de chegada.

E é justamente sobre isso que este livro trata: como transformar a gestão da sua imobiliária para que ela não apenas sobreviva, mas prospere e escale, vencendo os desafios do aluguel com estratégia, disciplina e inteligência. Assim como uma maratona, a jornada de crescimento de uma imobiliária exige preparação, resistência e uma visão de longo prazo. Está pronto para essa corrida?

Um negócio de grande valor

Imobiliárias são um excelente negócio. Sim, é possível dizer isso com base em algumas evidências. Ao contrário das incorporadoras, que precisam imobilizar recursos em terrenos e material de construção, além de assumir um risco considerável ao contratar financiamento, as imobiliárias rentabilizam o ativo de terceiros, os donos de imóveis que precisam vender ou alugar. Na comparação com negócios de outros segmentos, a vantagem da imobiliária também é evidente.

Enquanto um varejista, por exemplo, gasta dinheiro para compor um estoque de mercadorias e precisa de excelente localização para o seu ponto de venda, imobiliárias surgem e ganham protagonismo com investimento baixíssimo em infraestrutura. Contratando sistemas que custam menos de mil reais ao mês, uma imobiliária já consegue começar a operar, e seus investimentos para crescer estarão centrados em marketing e pessoas, sendo que sempre haverá a possibilidade de terceirizações e de trabalhar com autônomos que ganham por produtividade.

Quando olhamos para a locação, temos um elemento a mais nessa equação: a recorrência. Sim, a recorrência nas receitas ofertada pela operação de aluguel proporciona uma valiosa previsibilidade de faturamento que poucos negócios conseguem ter. A recorrência permite que a imobiliária possa assumir custos fixos com boa dose de segurança, podendo inclusive ser mais ousada na hora de fazer investimentos.

Empresas que não têm recorrência em suas receitas precisam de mais dinheiro provisionado em caixa para suportar sazonalidades e momentos de baixa do mercado. Não à toa, é grande o número de imobiliárias que operavam apenas com vendas até pouco tempo atrás, e que começaram recentemente a trabalhar também com locação. O que elas buscam é a segurança e a previsibilidade das receitas do aluguel. As diferenças entre as operações de aluguel e vendas, no entanto, são muitas, e vão além da recorrência.

Em vendas, as possibilidades de agregar valor a uma transação com serviços correlacionados são mais limitadas, ao contrário da locação, em que a imobiliária tem uma infinidade de alternativas para gerar receitas complementares com um mesmo contrato. Em vendas, cujos valores transacionados são maiores, um único negócio é capaz de salvar o mês da imobiliária, e o resultado pode vir no curto prazo. Na locação, não existe sorte, os resultados mais consistentes ocorrem apenas no longo prazo, a partir de pequenos ajustes operacionais que podem parecer irrelevantes.

Quer um exemplo? Uma receita de singelos R$ 10 mensais, aplicada a 300 clientes no decorrer de um ano, é capaz de gerar um faturamento de R$ 36 mil. Perceba o impacto. Para crescer no aluguel, no entanto, é preciso ter processos estruturados e atenção aos detalhes, para que o aumento da carteira seja acompanhado por qualidade de serviço. Se a base do movimento de expansão for frágil, é certo que a imobiliária enfrentará uma avalanche de críticas dos clientes e desgaste de imagem capaz de influenciar inclusive nos resultados de vendas.

Quando pensamos na locação, porém, a analogia mais adequada é a da maratona, esporte que une os autores do livro. Assim como no esporte, a construção de resultados expressivos consome anos de dedicação e passa por momentos de provação. É comum encontrar entrantes no mercado de locação que passam a trabalhar com o aluguel em busca de uma receita recorrente, mas que acabam desistindo assim que os atritos com locadores e locatários se acumulam. Essas carteiras de locação são rapidamente absorvidas por imobiliárias estabelecidas que chegam a adquiri-las, muitas vezes, sem pagar nada – o "custo" é honrar, por exemplo, as cauções usadas como capital de giro da imobiliária.

Alguns fatores estão por trás das desistências de quem abandona o aluguel, como a falta de uma pessoa com perfil de administrador para estruturar e acompanhar a execução de processos que exigem atenção aos detalhes. A ausência de uma pessoa com perfil para negociar e resolver problemas complexos também transforma os dramas diários da locação em crises que consomem a energia dos empreendedores. O desconhecimento da legislação e a gestão financeira descuidada são outros obstáculos que levam jovens carteiras de locação a serem vendidas.

Por outro lado, alguns aspectos nos ajudam a entender aquilo que contribui decisivamente para a construção de carteiras de locação de sucesso. Em primeiro lugar, a presença de uma liderança que inspira confiança nos clientes, especialmente os locadores, e nos colaboradores. Diante de consumidores cada vez mais intransigentes, líderes fortes conseguem amenizar o clima organizacional nos dias mais difíceis dentro da imobiliária. Da pandemia para cá, muitas empresas do nosso segmento se transformaram em panelas de pressão prestes a explodir, com um crescimento visível do número de colaboradores com a saúde mental afetada.

O segundo elemento que contribui para a formação de carteiras de locação mais expressivas é a vocação comercial aguçada. Empresas encabeçadas por administradores excessivamente conservadores sofrem para construir vantagens competitivas e estratégias que acelerem o crescimento da operação de aluguel. Por conta disso, imobiliárias com forte presença em vendas, quando passam a alugar, conseguem escalar de forma mais acelerada do que o normal, impulsionadas pela agressividade na captação e nas políticas de comissionamento, além da ajuda da visibilidade de marca.

O terceiro fator que explica a construção de carteiras de locação consistentes é o compromisso da gestão com a resolução de problemas, um forte gatilho para a conquista da confiança dos clientes, com impacto direto na retenção de locadores após a desocupação. No aluguel, é frequente encontrarmos imobiliárias que chegam a perder mais de 50% dos imóveis desocupados no mês, um resultado que tem muito a ver com o perfil do dono pouco afeito a processos e organização. Com tantos furos no balde, a carteira tende a estagnar no tempo, além de acumular clientes insatisfeitos que não voltarão a fazer negócios com a imobiliária.

Contudo, nada contribui mais para o crescimento da carteira de locação do que a ação do tempo alinhada a uma sucessão bem estruturada. Quando olhamos para as dez maiores carteiras de locação do Brasil, exceto o QuintoAndar, todas são empresas com mais de 40 anos de mercado, já sendo geridas pela segunda geração em diante. Algumas dessas imobiliárias foram convidadas e generosamente aceitaram compartilhar suas melhores práticas aqui, junto de empresas mais jovens com estratégias que admiramos e que provavelmente as levarão a uma posição de destaque nacional no longo prazo.

Oportunidade histórica

O que nos move, com este livro, é apoiar a evolução das imobiliárias brasileiras no aproveitamento de uma oportunidade que poucos mercados têm a explorar. O rápido crescimento do mercado de aluguel no Brasil é um fenômeno com potencial para sustentar o surgimento de inúmeras carteiras de locação de grande porte. Em 2000, segundo o Censo, o Brasil tinha 6,7 milhões de domicílios alugados, o que representava 12% do total de domicílios. Em 2022, esse número atingiu 18,8 milhões de moradias, representando quase 21% do total de domicílios (Figura 1).

Figura 1. Evolução dos domicílios alugados no Brasil

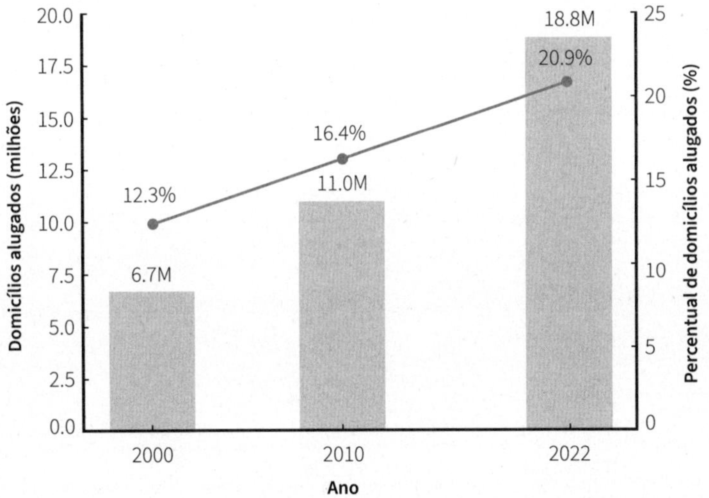

Fonte: Elaborada pelos autores - Instagram: soudaniel.santos
Linkedin: soudaniel-santos

O rápido crescimento do mercado de aluguel é movido por fatores que deverão se intensificar ainda mais nos próximos anos, como: (1) o encarecimento dos imóveis muito acima do aumento da renda da população, reduzindo a acessibilidade de compra; e (2) a preferência das novas gerações e famílias por maior flexibilidade e mobilidade. Quando comparamos o percentual brasileiro de domicílios alugados com o de países mais desenvolvidos, observamos que a média dos dez países com mais moradias locadas chega a 43%, o que indica que ainda há um amplo espaço para o crescimento do mercado de aluguel no Brasil (Figura 2).

Figura 2. Países com maior porcentagem de domicílios alugados

Fonte: Elaborada pelos autores - Instagram: soudaniel.santos
Linkedin: soudaniel-santos

As excelentes perspectivas de avanço do aluguel, porém, não podem jamais acomodar quem opera nesse mercado. Com tantos brasileiros encontrando na locação a sua solução de moradia, o preço do aluguel tem aumentado de forma expressiva nos últimos anos. O valor médio da locação residencial no Brasil subiu 13,5% em 2024, segundo o FipeZap, depois de acumular altas de 16,55% em 2023 e de 16,16% em 2022. O aumento de 2024 foi quase três vezes maior do que a inflação oficial medida pelo IPCA, que foi de 4,83% no mesmo período. A consequência desses reajustes é o fortalecimento da locação direta, escolhida por locatários em busca de economia, e a maior concorrente das imobiliárias – esqueça a imobiliária próxima de você. A locação direta é o grande inimigo em comum de todos nós, e deve ser combatido com profissionalismo, bom atendimento e argumentos capazes de demover os clientes dessa relação caótica.

O crescimento da locação também desperta a atenção de investidores e novos operadores em busca de uma fatia de mercado. Notabilizado pelo QuintoAndar, que surgiu em 2013 e aproveitou uma janela de oportunidade para embarcar tecnologia nos processos e se tornar a maior imobiliária do Brasil, esse movimento hoje abrange incorporadoras que estão produzindo e administrando torres dedicadas exclusivamente para locação. O modelo de negócio conhecido como built to rent é operado por empresas como a JFL Living, de São Paulo (SP), e a Luggo, pertencente à MRV, que produz prédios vocacionados para o aluguel e os vende para fundos de investimento, enquanto a Luggo faz a sua gestão, com atividade em diferentes estados brasileiros.

Outro concorrente a tomar mercado das imobiliárias são as plataformas de locação de curta e média temporadas, que fazem a administração e convertem apartamentos em uma solução de hospedagem alternativa aos hotéis, com a promessa de retorno financeiro aos locadores superior à locação de longa duração. Neste ponto, embora as propostas dos modelos de negócio sejam diferentes, o conflito se dá em torno do cliente, o mesmo investidor, e do ativo imóvel residencial, que tem a sua potencial finalidade alterada, agravando a escassez de unidades habitacionais disponíveis para o aluguel de longo prazo.

Portanto, embora as perspectivas para o aluguel sejam as melhores possíveis, a maratona da locação não está ganha para as imobiliárias. Elas têm diante de si não apenas o desafio de seguir evoluindo sua capacidade administrativa – o óbvio esperado pelos clientes –, mas principalmente devem se tornar especialistas em estruturar negócios de rentabilidade interessante, que conquistem os investidores, e em gerir conflitos inerentes à locação, oferecendo bom atendimento e segurança jurídica às partes envolvidas. São esses os pontos que as tornam necessárias e relevantes para seus clientes, mantendo longe o risco da desintermediação – uma utopia sonhada pelas empresas de tecnologia na década passada.

Para melhor apoiá-lo na evolução da sua imobiliária, relacionamos nos próximos capítulos os aprendizados práticos que acumulamos em mais de 20 anos de experiência em administração da locação dentro de empresas de todos os portes, seja por meio da CUPOLA, consultoria de gestão imobiliária fundada pelo Rodrigo Werneck, seja na Casa Mineira, imobiliária de grande porte cuja operação de aluguel era dirigida pelo Daniel Santos. Hoje unidos à frente da CredAluga, entregamos a você todas as peças de um quebra-cabeça para construir uma estratégia relevante que lhe permita ser um protagonista no seu mercado. As imobiliárias são absolutamente necessárias para organizar a locação. Então, faça a sua parte.

CAPÍTULO 1

Gestão de pessoas:
de equipes comuns
a times extraordinários

Você já parou para pensar no quanto a nossa relação com o trabalho mudou ao longo dos últimos anos? Sim, a pandemia alterou por completo a forma como encaramos os afazeres do dia a dia. Estamos trabalhando mais horas, temos dificuldades em desconectar, nos tornamos mais impacientes e imediatistas. Se esses comportamentos são tão evidentes em outros mercados e profissões, você bem sabe que a realidade é ainda mais dramática na locação de imóveis, em que os conflitos são diários, por conta da intermediação entre locatários e locadores. Como dissemos na Introdução, as imobiliárias se transformaram em ambientes conflagrados nos quais colaboradores pedem demissão repentinamente ou passam a conviver com problemas de saúde mental, como ansiedade e depressão.

Encarar esse novo cenário e buscar formas de melhorar o clima organizacional deixou de ser uma opção para os gestores. Adotar uma estratégia de gestão de pessoas e engajar os líderes na cultura da empresa representam agora questões de sobrevivência para a imobiliária de locação. Quando um empresário fecha os olhos para a importância da gestão de pessoas, ele está sujeito a perder colaboradores estratégicos e entrar em um looping infinito de reconstruir o time, treinar e depois perder pessoas, deixando de focar em crescimento e soluções. Perceba que negligenciar a gestão de pessoas acaba se tornando um peso que atrasa a evolução da empresa.

Hoje, os clientes e os profissionais da sua imobiliária estão mais sensíveis, mais vulneráveis, e, mais do que nunca, estão valorizando o aspecto humano. Quando esses sentimentos são trazidos para o ambiente de trabalho, ganham espaço práticas como o reconhecimento contínuo, dar e receber feedbacks com frequência, discutir possibilidades de crescimento, explicar o contexto e o porquê de certas decisões, fazer uma gestão mais próxima. As pessoas não querem mais simplesmente receber tarefas ou ordens. É preciso engajá-las, tornando-as de fato defensoras dos interesses da empresa. Porque, convenhamos, se o seu colaborador estiver decidido a trabalhar contra a imobiliária, nós sabemos que ele pode produzir enormes estragos. Como, então, encarar esse desafio de lidar com pessoas em um cenário tão desafiador como a locação? Vamos discutir os caminhos possíveis e conhecer práticas de imobiliárias que souberam se reinventar com a gestão de pessoas.

Vale enfatizar, também, que a imobiliária é uma empresa de prestação de serviços especializados e, como tal, depende da qualidade do seu time interno. Devemos lembrar que na última década as imobiliárias foram ameaçadas por startups e plataformas digitais, que tentaram ocupar o seu espaço, mas resistiram ao ataque, provando a sua força e importância na cadeia de valor do mercado imobiliário, como o especialista local que conecta o locador e o locatário em uma experiência humanizada. Esse posicionamento da imobiliária, no entanto, depende da qualidade do seu time. Um time forte, engajado e especialista é a maior defesa que a imobiliária pode construir contra possíveis ataques ao seu mercado.

Estruturação

A materialização de uma estratégia de gestão de pessoas começa, necessariamente, pela estruturação de uma área de gestão de pessoas na sua empresa. Muitas imobiliárias costumam ter um funcionário que faz o fechamento da folha salarial, que cuida das tarefas burocráticas relacionadas a contratações, demissões etc. – tarefas conhecidas como DP, ou Departamento Pessoal. Devemos ser claros: Departamento Pessoal não é gestão de pessoas. O que precisamos é de alguém olhando além dos processos burocráticos, para os processos seletivos, para a formação e o desenvolvimento de líderes, para a construção da cultura organizacional, para o clima da empresa. Em empresas menores, a dúvida é: como fazer se não tenho receitas suficientes para contratar um profissional assim? Acreditamos que empresas com mais de 15 colaboradores já precisam ter uma pessoa preferencialmente em tempo integral com foco na gestão de pessoas.

Se a sua empresa é menor do que isso, considere ter uma pessoa com dedicação parcial, que fique na sua imobiliária um ou dois dias por semana, ou que acumule outras funções. Outro caminho é a terceirização do RH, especialmente dos processos seletivos. Vale enfatizar, no entanto, que vemos essa possibilidade com desconfiança, pois uma terceirizada conhece pouco da cultura da sua empresa e dificilmente será capaz de entender a fundo os cargos e o perfil dos profissionais necessários para ocupá-los. A terceirização pode fluir melhor em treinamentos específicos, sobre temas como liderança, feedbacks etc., mas ainda assim é preciso ter alguém pensando nos temas mais importantes que devem ser abordados. Se não houver essa pessoa no organograma, a responsabilidade deve ser assumida pelo dono. Isso mesmo, o dono, em algum momento, terá de colocar energia nessa construção, seja fazendo a gestão do colaborador de RH, seja no alinhamento com terceiros.

Para que a terceirizada de processos seletivos possa ser mais assertiva, é fundamental ter clareza sobre a cultura da empresa, sobre o descritivo do cargo, sobre o perfil comportamental desejado. Ou seja, é preciso ter um alinhamento claro e próximo, do contrário as entregas deixarão a desejar. Por outro lado, uma terceirizada dificilmente conseguirá estabelecer um canal de escuta e diálogo contínuo com os colaboradores, algo que um RH interno consegue fazer com sucesso.

Ter clareza do clima da empresa, dos problemas internos, é fundamental. E para isso o RH precisa ganhar a confiança dos colaboradores, estar próximo deles. Os colaboradores dificilmente relatam todos os problemas ao dono da imobiliária, saiba disso. E quando você tem um RH que conquista seu espaço, os problemas começam a aparecer. Isso é bom, porque, sabendo que os problemas existem, você consegue buscar soluções. Sem saber que eles existem, você acaba surpreendido quando as crises estouram.

Outra vantagem do RH interno é o acompanhamento do organograma e dos descritivos de cargos, que precisam ser revistos com frequência. Uma pessoa internalizada também consegue contribuir formulando e executando uma estratégia de busca de conhecimento, pautando treinamentos e palestras, verificando se rotinas como reuniões individuais entre líderes e liderados estão sendo seguidas. Ele ainda monitora se os colaboradores estão recebendo feedbacks adequadamente. Se os líderes estão fazendo Planos de Desenvolvimento Individuais, os PDIs, com os seus colaboradores.

Estruturar um RH interno e fazê-lo evoluir continuamente irão representar um relevante diferencial competitivo para a sua empresa no mercado de locação, pois são pouquíssimas as imobiliárias que verdadeiramente levam o tema a sério. O trabalhador de hoje mudou. Ele está mais exigente e não suporta mais um ambiente tóxico de trabalho. As pessoas hoje buscam desenvolvimento profissional, esperam reconhecimento, não se orientam unicamente pelo dinheiro. Aliás, apostar só em dinheiro custa muito mais caro e drena a sua rentabilidade. Investir em gestão de pessoas, estruturar um plano de carreira e atrair e reter colaboradores verdadeiramente comprometidos e engajados, que entregam resultado para os seus clientes, é o que vai estabelecer um ciclo de crescimento sustentável na sua empresa.

O papel do dono, nesse contexto, é reconhecer o seu papel de incentivador da gestão de pessoas, dando as condições necessárias para que o trabalho se desenvolva. Se o dono curte o tema e deseja contribuir estrategicamente, melhor ainda, pois isso leva o RH ao estado da arte, com resultados mais expressivos, porque o exemplo do empreendedor se dissemina rapidamente, os demais líderes seguem seus passos e ele puxa a evolução do projeto. Se o dono não faz questão de exercer protagonismo, o fundamental é acreditar no trabalho e apoiar, abrindo-se a esse novo conhecimento. Se o dono não avaliza o esforço de gestão de pessoas, o trabalho todo vai para o lixo, tornando-se improdutivo.

Departamento protagonista

A Baggio Imóveis, de Curitiba (PR), é um exemplo de imobiliária que colocou a gestão de pessoas como ponto central na sua estratégia de crescimento. Fundada em 1987, a empresa reconheceu que o RH não poderia mais ser tratado como um departamento secundário, passando a assumir um papel de protagonismo com atuação direta no desenvolvimento e alinhamento dos times de locação e vendas. Assim, a empresa reestruturou a forma como conduzia a gestão de pessoas, garantindo que a área tivesse a mesma relevância que as áreas de vendas e locação, com líderes que se sentam à mesa em condições de igualdade para a tomada de decisões. O resultado foi um impacto imediato na cultura organizacional.

Segundo Andrea Baggio (em entrevista com os coautores), gestora da empresa e uma das responsáveis por essa transformação, a mudança na mentalidade da organização foi fundamental para a evolução do negócio:

> Durante muito tempo, olhávamos para a gestão de pessoas como um setor operacional, que resolvia problemas pontuais. Mas quando passamos a enxergá-la como uma peça estratégica, capaz de moldar a cultura da empresa e impulsionar nossos resultados, tudo mudou. O time ficou mais alinhado, os processos mais claros e a performance melhorou significativamente.

Um dos movimentos assertivos da Baggio foi a valorização da cultura organizacional como um elemento ativo na gestão. Muitas empresas acreditam que cultura é algo subjetivo, que não pode ser medido ou trabalhado. Mas, na prática, uma cultura bem definida influencia diretamente no comportamento dos colaboradores, na retenção de talentos e até na forma como a empresa é percebida pelo mercado. Na Baggio, essa percepção se transformou em ação. A empresa investiu na construção de uma cultura de alto desempenho, com critérios claros para crescimento profissional, reconhecimento de boas práticas e um ambiente onde a comunicação aberta e a colaboração são incentivadas.

Além da reestruturação da liderança e do fortalecimento da cultura, a empresa percebeu que, para reter talentos, precisava garantir que os colaboradores tivessem perspectivas reais de crescimento. Em um mercado no qual a rotatividade é alta, oferecer planos de carreira estruturados e possibilidades concretas de desenvolvimento se tornou um fator decisivo para manter os melhores profissionais engajados. A Baggio implementou planos de carreira claros, permitindo que os colaboradores visualizem suas possibilidades de evolução dentro da empresa. Dessa forma, cada funcionário sabe exatamente quais são os critérios para avançar e quais habilidades precisa desenvolver para alcançar novos desafios.

Mas nenhuma mudança organizacional se sustenta sem acompanhamento contínuo. A empresa passou a realizar avaliações de desempenho periódicas, utilizando modelos como a avaliação de 180° e 360°, em que os colaboradores recebem feedbacks não apenas de seus superiores, mas também de colegas e clientes internos. Essa abordagem trouxe mais transparência ao processo de crescimento dentro da empresa e garantiu que as decisões sobre promoções e desenvolvimento fossem baseadas em critérios sólidos, e não apenas em percepções subjetivas.

Cultura forte

Outro exemplo de imobiliária de vanguarda na gestão de pessoas é a Casarão Imóveis, de Pelotas (RS), que, com mais de 50 anos de história, passou por um intenso processo de profissionalização e modernização. Assim como muitas empresas do mercado, a estrutura familiar enfrentou desafios na transição entre gerações, exigindo uma reestruturação na cultura organizacional, na gestão de pessoas e nas políticas de remuneração. A empresa adotou uma abordagem de transparência total, permitindo que todos os colaboradores tivessem acesso a resultados e estratégias da imobiliária, além de implementar um plano de cargos e salários estruturado e um ousado modelo de participação nos lucros atrelado à experiência do cliente. Essas mudanças fortaleceram o engajamento da equipe e posicionaram a Casarão como uma das imobiliárias mais competitivas do mercado do interior do Rio Grande do Sul.

Antes, os colaboradores da Casarão tinham pouca previsibilidade sobre suas trajetórias profissionais, o que gerava incertezas e desmotivação. Com a implementação desse modelo, cada funcionário passou a ter uma visão clara das competências necessárias para avançar na carreira. "A gente ainda está em um processo de amadurecimento, mas já conseguimos enxergar um impacto positivo. Os colaboradores estão mais engajados porque sabem exatamente o que precisam fazer para crescer", explica Carolina Brum (em entrevista com os coautores), responsável pela área de gestão de pessoas.

A mudança na estrutura de remuneração também impactou a forma como os resultados são compartilhados com a equipe. A empresa adotou um modelo de participação nos lucros, garantindo que os colaboradores fossem recompensados não apenas pelo desempenho individual, mas também pelo sucesso coletivo da imobiliária. Um dos diferenciais desse modelo foi atrelar parte da bonificação ao índice de satisfação do cliente, criando um incentivo direto para a melhoria contínua do atendimento e dos processos internos. Outro ponto que reforça a retenção e o desenvolvimento de talentos na Casarão é a educação corporativa, mediante estratégias estruturadas de capacitação, incluindo workshops, palestras, programas de mentoria e incentivos para participação em eventos do mercado.

Para tornar a capacitação ainda mais estratégica, a Casarão criou grupos de estudo internos, em que os colaboradores podem se aprofundar em temas específicos e debater desafios do dia a dia. Esses grupos funcionam como laboratórios de inovação, nos quais novas ideias e soluções podem ser testadas e implementadas na prática. Além disso, a empresa passou a utilizar um modelo de avaliação contínua, pelo qual os gestores identificam as principais necessidades de treinamento de cada equipe e direcionam esforços para capacitação de forma mais precisa.

A cultura organizacional de uma imobiliária não é algo abstrato ou meramente conceitual. Ela se manifesta no dia a dia, no comportamento dos colaboradores, na forma como as lideranças tomam decisões e até no impacto que a empresa gera no mercado. Uma cultura forte e bem definida impulsiona o desempenho da equipe, melhora o ambiente de trabalho e cria um senso de pertencimento que vai além das obrigações contratuais. No entanto, muitas imobiliárias ainda negligenciam esse aspecto, tratando a cultura como algo secundário ou natural, quando, na verdade, ela precisa ser construída e reforçada de forma intencional.

A Casarão percebeu que, sem uma cultura clara e bem estruturada, cada setor trabalhava de forma isolada, os líderes adotavam estilos de gestão distintos e a comunicação interna gerava desalinhamentos frequentes. Isso impactava diretamente a produtividade e, consequentemente, os resultados da empresa. Diante desse cenário, a Casarão investiu na definição de valores organizacionais sólidos e passou a reforçá-los em todas as suas práticas diárias.

Um detalhe importante que a empresa percebeu foi o impacto da celebração de pequenas conquistas no engajamento dos colaboradores. No passado, os funcionários sentiam que seu esforço só era reconhecido quando batiam grandes metas ou alcançavam resultados excepcionais. Isso gerava desmotivação, pois o trabalho do dia a dia muitas vezes passava despercebido. Para mudar essa realidade, a imobiliária criou um programa de reconhecimento interno, celebrando pequenas vitórias regularmente, seja por meio de elogios públicos, premiações simbólicas ou simplesmente feedbacks positivos espontâneos. Esse tipo de reconhecimento fortaleceu a cultura da empresa e aumentou o senso de pertencimento da equipe.

Saúde mental

O mercado de locação é um ambiente naturalmente desafiador. Prazos apertados, metas agressivas, negociações complexas e a necessidade constante de lidar com expectativas de locadores e locatários criam um cenário de pressão contínua. Para muitos profissionais, essa rotina intensa pode resultar em níveis elevados de estresse, ansiedade e, em casos mais graves, burnout. O problema é que, por muito tempo, esse desgaste emocional foi normalizado dentro das imobiliárias. A mentalidade predominante era a de que imobiliárias bem-sucedidas precisavam de profissionais resilientes, capazes de lidar com altas demandas sem demonstrar sinais de exaustão. O resultado dessa abordagem foi um aumento expressivo de casos de afastamento por questões emocionais, baixa retenção de talentos e uma queda significativa na qualidade do trabalho entregue.

Tanto a Baggio quanto a Casarão perceberam que essa lógica tradicional estava levando à exaustão dos colaboradores e impactando diretamente a produtividade e a cultura organizacional. Em ambas as empresas, ficou evidente que a alta rotatividade e o esgotamento dos times não eram apenas problemas individuais, mas desafios estruturais que exigiam mudanças profundas. Era preciso agir para transformar o ambiente de trabalho em um espaço onde as pessoas pudessem não apenas produzir, mas também encontrar equilíbrio entre a performance e o bem-estar.

Como resposta a esse cenário, ambas as imobiliárias criaram programas estruturados de apoio emocional e psicológico para os colaboradores. A mudança de mentalidade dentro dessas empresas reforça um ponto fundamental: não basta oferecer salários competitivos e benefícios tradicionais se o ambiente de trabalho se tornar um gatilho constante de estresse e exaustão. Imobiliárias que desejam crescer de forma sustentável precisam cuidar das pessoas que fazem esse crescimento acontecer. E isso começa criando um ambiente onde a saúde mental e a qualidade de vida sejam prioridades estratégicas, não apenas pautas secundárias dentro da gestão.

Gestão de pessoas não é um custo, nem um detalhe administrativo. É o que define o futuro de uma empresa. E aquelas que entenderem isso e aplicarem uma estratégia estruturada terão vantagem inquestionável em um mercado cada vez mais competitivo.

Um exercício interessante para tangibilizar a cultura desejada pela imobiliária é construir um Código de Cultura. Melhor ainda é criá-lo de forma coletiva, instituindo um Comitê de Cultura, com pessoas-chave, e coletando contribuições de todos os funcionários. Esse código parte das redações de missão, visão, valores e propósito. Aprofundando-se nos valores, o Código de Cultura deve explicitar como eles precisam de converter em comportamentos desejados (como viver os valores), que tipos de comportamento são dignos de atenção e feedback (sinal amarelo) e quais são de tolerância zero e podem acarretar desligamento imediato da empresa (cartão vermelho).

Lideranças

A partir de uma cultura organizacional estabelecida, temos condições de avançar em outro ponto fundamental: a formação de líderes. É comum encontrar sócios de imobiliárias que foram excelentes corretores de imóveis, mestres nas vendas, mas cuja experiência como gestores de pessoas é limitada. A formação de líderes melhores é parte fundamental do trabalho daqueles que estão à frente da operação, ou seja, dos donos. A passagem de um cargo técnico ou de operação para a liderança de um grupo de indivíduos é um grande desafio. Líderes novos ou mesmo os experientes precisam de desenvolvimento contínuo, para que compreendam o seu papel de contribuir para a evolução daqueles que são seus liderados. Eles precisam deixar de simplesmente executar uma função operacional, para se dedicar integralmente ou acumular a gestão dos seus liderados. Falando assim, parece simples, mas é uma virada de página complexa.

Muitos líderes de áreas específicas da locação, ou mesmo gestores do departamento todo, continuam centralizando algumas tarefas operacionais. Por exemplo, a condução de renegociações de contrato. É compreensível que situações mais críticas devam ter o olhar próximo ou envolver diretamente o gestor de locação, por exemplo. Mas isso não pode ser a regra. O gestor deve estar comprometido com o empoderamento e a preparação do seu time para que os liderados executem as tarefas. E ele deve ser um facilitador que os apoia, que observa os resultados, que desenha estratégias. Essa postura de continuar assumindo tarefas operacionais evidencia a falta de preparo para a liderança, a ausência de um trabalho de desenvolvimento de líderes, e prejudica a formação de novos talentos, travando a sucessão dentro da imobiliária.

Lideranças na locação, em geral, são construídas com base em conhecimento técnico e experiência. Normalmente, não são pessoas com habilidades de gestão em si. Logo, a nossa proposta é que haja uma agenda contínua de formação de líderes dentro da imobiliária, se possível, com reuniões regulares em que o RH possa disseminar práticas essenciais, como as reuniões periódicas de alinhamento um a um, em que o gestor conhece as motivações e discute as dificuldades do seu liderado.

Como parte da formação dos líderes, atenção ainda às descrições de cargo. Com o apoio do RH, os líderes precisam frequentemente rever as descrições de cargo dos seus liderados, para que haja um alinhamento claro em torno das atribuições de cada posição da equipe. Com base em descrições de cargo atualizadas, um processo seletivo é sempre mais assertivo, pois o colaborador tem clareza das funções que irá desempenhar, e a empresa consegue traçar o perfil técnico e comportamental desejado com mais detalhes.

Junto com as descrições de cargo, aproveite para rever continuamente o organograma da empresa. Ele não serve apenas para dizer quem manda. O organograma nos ajuda a entender quem são os líderes responsáveis por desenvolver cada colaborador do time. Acredite, é normal que haja empregados perdidos no organograma, sem um líder claro. Ou, então, que têm dois líderes. E isso é ruim, pois você deve conhecer aquele ditado que diz que cachorro com dois donos morre de fome. Da mesma forma, é comum observarmos confusões entre os diretores, com sócios tendo funções que se sobrepõem, que respondem pelas mesmas atribuições. Isso confunde os funcionários e manda um sinal negativo de falta de sinergia no negócio.

Comunicação

O RH tem o desafio de criar canais de escuta da equipe para identificar problemas que estejam afetando o clima ou a produtividade. Recomendamos que uma pesquisa abrangente de clima organizacional seja organizada anualmente, mas não dá para ouvir a equipe uma única vez por ano. Pesquisas mensais ajudam a aferir o nível de engajamento da equipe, e nelas os colaboradores podem fazer sugestões, críticas ou denúncias. Atenção para que essas pesquisas possibilitem ao colaborador permanecer anônimo. Se os funcionários suspeitam que podem ser identificados na pesquisa, esqueça, eles não responderão ou trarão respostas evasivas, que não levarão a empresa a lugar algum.

Assim, podemos acompanhar mês a mês, com indicadores tangíveis, como está o clima organizacional e a evolução dos números. Se você almeja melhorar a experiência de atendimento dos clientes, lembre-se de que o clima da empresa terá impacto direto na relação com locadores e locatários. A sugestão é que você conheça e trabalhe com base na metodologia e-NPS, que classifica os colaboradores em promotores, neutros e detratores, a partir da resposta que eles dão à pergunta "você indicaria a empresa para seus amigos e familiares trabalharem aqui?". O e-NPS, sigla para *Employee Net Promoter Score*, deriva da metodologia NPS, que surgiu na área de gestão de clientes como indicador que mede a satisfação e a lealdade deles à empresa.

Processo seletivo

Estruturar processos seletivos de qualidade é essencial para elevar a densidade de talentos da empresa. Bons processos seletivos consomem tempo e energia. Se você atropelar etapas, é possível que o erro custe caro, introduzindo na sua imobiliária uma pessoa desalinhada que pode provocar estragos. O primeiro passo é partir de uma descrição de cargo atualizada, para se ter clareza das atividades que serão executadas. Sabendo quais serão as atribuições do colaborador, temos condições de formular o perfil comportamental desejado e as qualificações esperadas do candidato. Na hora de comunicar a abertura de uma vaga, lembre-se de envolver os funcionários. Eles podem trazer indicações relevantes, com a vantagem de os indicados não serem meros desconhecidos. Considere, inclusive, remunerar os colaboradores pelas indicações.

Temos que olhar para os processos seletivos com a mesma lógica do funil de vendas, só que no RH temos o funil de seleção (Bock, 2015). No alto do funil, é fundamental ter diversidade de opções, o maior número possível de interessados na vaga. A partir daí começa o trabalho de qualificação para chegarmos aos melhores, no fundo do funil.

O esforço de qualificação, com entrevistas e possíveis dinâmicas de grupo ou testes, vai depender do tamanho e da estratégia da empresa. O que não pode faltar é um alinhamento claro sobre quais etapas serão adotadas. Você ou o seu time devem definir os passos até a contratação. Neste desenho, alguns cuidados são fundamentais. Por exemplo, definir quem vai participar das entrevistas. Será o RH, o líder e um colega do futuro funcionário? Em que momento o dono da imobiliária vai entrar? Considere desde o início.

Outra preocupação é com a entrevista em si. Um dos erros mais comuns em processos seletivos é os entrevistadores não terem uma sequência estruturada de perguntas a fazer, recorrendo ao improviso. Todos os recrutadores precisam seguir o mesmo roteiro de perguntas, para explorar eventuais contradições do candidato, que também precisa sair da entrevista sabendo mais sobre a vaga e a mentalidade da empresa.

Ao final, as anotações dos entrevistadores devem ser reunidas em um dossiê que consolide todas as informações sobre o candidato, somando-se ao seu currículo e a eventuais testes. Trabalhando dessa forma, o processo seletivo ganha um padrão, e você consegue encaixar perguntas relevantes para cada cargo aberto dentro da imobiliária, tendo questões que explorem, por exemplo, os valores da empresa.

Outro ponto crítico em processos seletivos são as características mais importantes a serem buscadas nos candidatos. Hoje, devemos valorizar as pessoas com capacidade de aprendizagem, com capacidade de execução e pessoas sagazes. A capacidade de aprendizagem é fundamental, porque a tecnologia está alterando profundamente a forma como executamos nosso trabalho. Se não temos capacidade de aprendizagem, logo nos tornamos obsoletos. Sobre a capacidade de execução: o ponto é que rodar novos projetos dentro das empresas pede atitude, iniciativa. Quem tem isso larga em vantagem. Por fim, a sagacidade. O que estamos enaltecendo aqui é a capacidade de entender nuances, sensibilidade para ler nas entrelinhas, um tipo de inteligência de rua, não das melhores universidades. Quando trabalhamos em empresas que ainda estão tentando crescer, isso é importante demais, pois nem sempre teremos as melhores condições de trabalho à disposição. Olhe também com atenção para o hobby das pessoas, isso diz muito sobre a natureza delas.

Ainda dentro do processo seletivo, é pertinente realizar testes. O mais indicado deles é o chamado Disc, um teste comportamental que consegue traçar um perfil detalhado do candidato. Concluído o processo seletivo, olhe com atenção para o início do novo colaborador na empresa. A primeira semana de trabalho é um momento importante capaz de selar o destino dessa contratação. É essencial que o novo funcionário seja formalmente apresentado à cultura e às regras da empresa, como uso do ERP ou CRM, datas e horários de reuniões etc. A agenda do RH e do gestor deve estar bloqueada para esse momento, e a sugestão é que você tenha uma apresentação pronta para usar nessas ocasiões.

Feita esta apresentação, é hora de levar o profissional ao encontro do time. Para não sobrecarregar o líder, você pode designar um colaborador mais antigo para atuar como facilitador do novo contratado nos primeiros dias ou semanas de trabalho, ajudando-o no que for preciso com as novas rotinas e tarefas do dia a dia.

Conclusão

Procuramos resumir e dar uma visão geral da complexidade da área de gestão de pessoas, apontando processos estratégicos e rotinas que não podem se perder. Se você busca diferenciais para a sua imobiliária, considere tornar a gestão de pessoas a sua vantagem competitiva. Imobiliárias são feitas de pessoas. A tecnologia e os imóveis estão à disposição de todos, mas o seu time é único, encare-o como um valioso ativo de fato.

Tendo ou não um RH interno, defendemos que os sócios são determinantes para a mudança de mentalidade, pois eles são exemplo para todos dentro da empresa, especialmente para líderes e gestores, que precisam abraçar o projeto e multiplicar as melhores práticas de relacionamento interpessoal.

CAPÍTULO 2

Governança e sucessão:

o futuro da imobiliária depende do presente

As imobiliárias líderes que operam o aluguel são empresas resilientes e longevas. Se você tem dúvidas, resgate na memória algumas marcas da sua infância. É bem provável que não existam mais os supermercados, varejistas ou revendas de carros onde a sua família consumia. Se o mesmo exercício for aplicado às imobiliárias com foco em locação, é possível que você se surpreenda. É relativamente comum encontrar operações com mais de 50 anos de atividade, uma janela de tempo em que o Brasil atravessou tempestades como a hiperinflação e o confisco da poupança do Plano Collor que varreram marcas estabelecidas na mente do consumidor.

O que está por trás dessa resiliência? Acreditamos em três fatores: (1) o modelo de faturamento por recorrência, uma segurança financeira que poucos negócios conseguem construir; (2) a importância da confiança pessoal que os locadores de imóveis depositam na imobiliária; e (3) a dinâmica de sucessão familiar tão característica entre as imobiliárias, decorrente diretamente do primeiro e do segundo pontos.

A carteira de locação torna-se gradativamente um ativo valioso que vai passando de pais para filhos. Os sucessores podem até relutar em assumir a herança da família em um primeiro momento, mas com o tempo entendem o valor do patrimônio recebido e passam a geri-lo como projeto de vida. Nem sempre, porém, a sucessão é feita de forma planejada ou tem um final feliz.

A troca de comando em uma imobiliária pode ser um momento de consolidação e crescimento ou o estopim para conflitos e rupturas. O que determina o desfecho dessa transição? A presença (ou a ausência) de uma governança bem estruturada. A informalidade na gestão e a centralização do poder nas mãos do fundador costumam ser inimigas de uma sucessão exitosa. A figura do fundador costuma ser determinante para a qualidade da governança da imobiliária. Muitas vezes, ele construiu o negócio do zero, superou desafios e vê a empresa como uma extensão de sua própria identidade.

Essa conexão emocional pode levar à relutância em delegar funções ou abrir espaço para a nova geração, dificultando a transição. Essa resistência pode se manifestar de diversas formas: procrastinação na discussão do tema sucessório, centralização de decisões que dificultam o desenvolvimento dos sucessores e desconfiança nas novas lideranças, criando obstáculos para mudanças necessárias. Em muitos casos, os fundadores acreditam que os sucessores não estão preparados. Isso pode gerar um ciclo de instabilidade, no qual a empresa fica estagnada e sem um plano claro de futuro.

Muitas imobiliárias enfrentam crises profundas quando chega o momento de passar o bastão para a próxima geração. Se não houver um planejamento estruturado e critérios bem definidos, o processo poderá ser marcado por disputas internas, perda de talentos e até mesmo descontinuidade do negócio. A governança corporativa surge como um mecanismo para prevenir esse quadro. Mais do que um conjunto de regras, a governança é um sistema de processos, práticas e diretrizes que garantem que as decisões sejam tomadas de maneira estruturada, reduzindo riscos e aumentando a previsibilidade da empresa.

O objetivo da governança corporativa é criar um sistema estruturado de gestão, no qual as decisões não dependem exclusivamente da intuição de um líder ou de relações familiares, mas de processos claros e embasados em princípios sólidos. Em negócios familiares, a separação entre propriedade e gestão se torna crucial, pois permite que a empresa funcione de maneira independente das dinâmicas pessoais dos sócios, reduzindo conflitos internos e garantindo a continuidade da operação.

Um dos maiores benefícios da governança corporativa é justamente a separação entre propriedade e gestão. Em empresas familiares, a figura do fundador se confunde com a identidade da imobiliária (muitas vezes, ela inclusive leva seu nome), tornando a sucessão um momento delicado e, muitas vezes, turbulento. Sem uma estrutura bem definida, decisões estratégicas podem ser tomadas com base em critérios subjetivos, favorecendo parentes próximos ou perpetuando modelos de gestão ultrapassados. A governança estabelece regras claras sobre quem tem o direito de decidir e como essas decisões devem ser tomadas, garantindo um equilíbrio saudável entre a visão dos acionistas e a atuação dos gestores.

Mas como aplicar esse conceito na prática? Para respondermos a essas perguntas, analisamos três trajetórias que exemplificam os impactos da governança na longevidade das imobiliárias: a Razão, de Curitiba (PR), e a Crédito Real e a Guarida, ambas de Porto Alegre (RS). Vamos mergulhar nos desafios e soluções aplicados em cada um desses casos, analisando como a governança pode ser o diferencial entre uma transição caótica e um crescimento sustentável.

Quatro famílias, uma imobiliária

A Razão nasceu em 1986 pelas mãos de quatro amigos que trabalhavam juntos como colaboradores em uma imobiliária que sucumbiu, ironicamente, em uma sucessão familiar malsucedida. Quando decidissem se aposentar no futuro, a ideia dos fundadores era vender a empresa. No entanto, na virada do milênio, os filhos começaram a embarcar no negócio e a imobiliária tomou outro rumo. O diretor administrativo João Felipe Gottschild conta que, depois de construir carreira corporativa fora da Razão, ele decidiu se aproximar da empresa ao ouvir elogios de pessoas que o cumprimentavam pela ética do pai dos negócios.

"Me diziam que a empresa do meu pai era muito séria. Eu adorava ouvir isso", relembra (em entrevista com coautores). Em 2011, ele passou a trabalhar na imobiliária. Os dois primeiros anos foram dedicados a rodar por todos os departamentos, atuando desde office boy até captador, um ritual de ingresso na empresa seguido por todos os sucessores. Ao mergulhar no operacional, observa Gottschild, a segunda geração não só adquire conhecimento para definir a estratégia da empresa com mais embasamento, mas também conquista o respeito e aumenta as chances de retenção de colaboradores que poderiam deixar a organização em razão da mudança de gestão.

O passo seguinte foi o envolvimento dos filhos dos fundadores na tomada de decisões, o que passou a acontecer em 2014 com um assento para os novatos na reunião mensal de diretoria da Razão. A "passagem da caneta" de uma mão para a outra foi se dando aos poucos, mediante a participação dos sucessores na liderança de áreas e projetos estratégicos e a alçada crescente para definir os rumos da empresa. Esse modelo permitiu que a nova geração assumisse funções de liderança de maneira progressiva, sem ruptura brusca ou instabilidade no negócio.

Outro passo relevante foi equalizar as participações acionárias dos sócios, para que os sucessores atuassem em condições de igualdade sempre buscando o consenso – observe que eram quatro famílias diferentes, o que poderia ser o prenúncio de problemas. Em empresas sem governança estruturada, é comum que sócios tenham acesso desigual às informações, gerando ressentimentos e desconfiança. Além disso, a falta de um critério objetivo para distribuição de lucros, participação em decisões estratégicas e ocupação de cargos de liderança pode criar um ambiente de instabilidade.

Muitas empresas familiares enfrentam crises profundas justamente porque a distribuição desigual de participação acionária gera disputas internas, favorecendo a formação de facções e o desalinhamento estratégico. Para neutralizar esse risco, uma ação concreta do modelo de governança da Razão foi a estruturação do organograma da empresa, definindo com clareza os papéis e responsabilidades de cada gestor e evitando sobreposições de funções que poderiam gerar conflitos e falta de eficiência na operação. Isso permitiu que a transição ocorresse de maneira mais fluida enquanto a nova liderança assumia suas funções progressivamente.

Hoje, apenas um dos fundadores continua ativo na Razão, e a imobiliária passou por uma profunda modernização que a colocou entre as cinco maiores carteiras de locação de Curitiba. O fator decisivo para que a sucessão tenha se materializado de forma harmônica, na visão de Gottschild, foi a maturidade dos fundadores para entender o momento de abrir espaço para a segunda geração.

A experiência dos fundadores continua sendo aproveitada pelos filhos dentro de um Conselho Consultivo em que ambas as gerações têm assento e onde as opiniões dos pais são consideradas para a tomada de decisões estratégicas como grandes investimentos. Os integrantes da segunda geração se dividem na direção da imobiliária com atribuições claramente confiadas a cada um deles, e um dos focos da empresa atualmente é o desenvolvimento de sucessores para os líderes da operação. "A sucessão não pode se limitar à família. Desenvolvemos uma matriz de atribuição em que todos os cargos têm um sucessor atribuído. Isso exige de nós uma visão de formação contínua para esses talentos", explica Gottschild (em entrevista com os coautores).

Ao separar de forma clara a propriedade da gestão e estruturar um modelo de tomada de decisões, a Razão conseguiu superar desafios internos e preparar a nova geração para garantir a continuidade e a expansão do negócio.

Governança com a família de fora

A Crédito Real, segunda maior carteira de locação do Brasil, com mais de 30.000 imóveis administrados, sempre teve a governança como um pilar fundamental. Diferentemente da maioria das imobiliárias, adotou um modelo de gestão profissionalizado e independente, no qual os diretores não fazem parte da família controladora. Essa estrutura garantiu estabilidade para a empresa fundada em 1933 crescer de forma planejada, adquirindo novas carteiras de locação e expandindo sua atuação para diversas cidades do país. A gestão profissionalizada e independente eliminou as disputas entre herdeiros, e a transição de liderança vem ocorrendo com base em critérios técnicos e estratégicos.

Carlos Eduardo Ruschel, CEO da Crédito Real (em entrevista com os coautores), destaca que essa estrutura de governança foi fundamental para garantir previsibilidade ao crescimento da empresa. "Isso nos permitiu focar na expansão com segurança, sem as incertezas que costumam afetar empresas familiares no momento da sucessão". A participação da família controladora da Crédito Real se dá com membros representativos no Conselho de Administração, instância em que as expectativas dos sócios são colocadas para os executivos e os resultados são compartilhados. Não há nenhum familiar de acionista trabalhando na operação da Crédito Real.

Para que os princípios da governança corporativa sejam aplicados de forma efetiva, algumas estruturas e mecanismos são indispensáveis. O Conselho de Administração adotado pela Crédito Real, que geralmente acaba sendo apenas consultivo nas imobiliárias, desempenha um papel central. Ele fica responsável por definir as diretrizes estratégicas da empresa, garantindo que a gestão esteja alinhada aos interesses de longo prazo do negócio, além de trazer visões externas para dentro da empresa por intermédio de conselheiros contratados, atualmente em número de dois estabelecido pelo estatuto social da organização.

Outro elemento essencial é a implementação de processos estruturados de orçamento. A governança também impacta diretamente na forma como a empresa lida com seus recursos e estabelece suas prioridades estratégicas. Empresas que operam sem governança muitas vezes enfrentam problemas financeiros por falta de planejamento e controle rigoroso sobre seus custos e investimentos. Conforme observa Ruschel:

> É uma empresa em que eu presto contas ao Conselho todos os meses. O Conselho exige que o executivo faça um trabalho profundo de planejamento. Em outubro de 2024, tive que apresentar a expectativa de fluxo de caixa até 2027, em função das aquisições que fizemos. Essa dinâmica de governança exige uma visão estratégica um pouco mais estruturada, ela tira o executivo da zona de conforto. Quais riscos temos daqui para a frente? Há o risco de perdas? São questões colocadas que exigem uma avaliação que o líder de uma empresa familiar muitas vezes acaba não fazendo.

A dinâmica de governança tem permitido à Crédito Real executar um plano ousado de expansão geográfica, superando barreiras culturais que costumam travar a entrada de imobiliárias em novos mercados. Depois de adquirir carteiras de locação no interior do Rio Grande do Sul, a Crédito Real entrou no mercado catarinense comprando a operação de aluguel da tradicional Brognoli. Segundo Ruschel, a retenção de locadores superou as melhores expectativas, sendo que a governança auxiliou na estruturação de uma política de reconhecimento dos gestores locais baseada em performance. "A empresa adotou um modelo de premiação vinculando incentivos à estabilidade da carteira de imóveis. Essa iniciativa não apenas aumentou a produtividade, mas também fortaleceu o senso de pertencimento e compromisso dos colaboradores", explica Ruschel.

Indicadores de performance

A governança se fortalece quando acompanhada por *Key Performance Indicators* (KPIs) e indicadores de gestão. Esses indicadores permitem que a empresa avalie continuamente seu desempenho e identifique oportunidades de melhoria. Métricas como crescimento da receita, rentabilidade, taxa de retenção de clientes e nível de satisfação dos colaboradores ajudam a gestão a tomar decisões embasadas em dados, reduzindo o risco de erros estratégicos e assegurando que a empresa siga na direção certa.

Na Crédito Real, a metodologia de gestão adotada recentemente para o acompanhamento de KPIs foi a *Objective Key Results* (OKR) (Doerr, 2019), que orienta os esforços das empresas em direção a objetivos cruciais mensuráveis. O modelo de gestão por OKRs busca estabelecer direções claras para alcançar os números que indicam o crescimento de um negócio. A metodologia é a mesma adotada desde 2022 por outra imobiliária de grande porte no Sul, a Guarida, de Porto Alegre, liderada pela CEO Júlia Dal Santo.

Sucessora do pai, que fundou a Guarida em 1977, Júlia liderou a implantação dos OKRs na imobiliária, transformando a forma como a empresa gerencia seu planejamento estratégico e promove a colaboração em todos os níveis organizacionais. Antes, o planejamento seguia uma metodologia mais tradicional, baseada no *Balanced Scorecard* (BSC), que, embora eficiente em alguns aspectos, não favorecia a transparência e a simplicidade necessárias para lidar com a velocidade das mudanças no mercado imobiliário. Com a adoção dos OKRs, foi possível estruturar metas mais claras e acompanhar o progresso de maneira ágil e participativa.

A mudança trouxe desafios iniciais, especialmente no preparo das lideranças para conduzir reuniões e análises baseadas na nova metodologia. Alguns gestores enfrentaram dificuldades para entender como traduzir suas metas em OKRs tangíveis e mensuráveis. Reuniões regulares e treinamentos internos foram essenciais para ajustar a abordagem e criar um ambiente onde as lideranças pudessem contribuir de forma significativa. "Hoje, os OKRs não apenas orientam o planejamento estratégico, mas também incentivam uma cultura de feedback e melhoria contínua na Guarida", conta Júlia (em entrevista com os coautores).

Conclusão

Uma carteira de locação é um ativo construído com muito suor e que, se bem administrada, tem grande valor no longo prazo. Para que as futuras gerações capturem o valor da carteira, a principal reflexão que fica para os imobiliaristas é a necessidade de se preparar para a sucessão desde cedo, muito antes que ela seja algo imperativo por motivo de morte ou doença. A sucessão é o grande teste da governança, que deve ser amadurecida enquanto há tempo.

Governança não é um luxo ou uma burocracia desnecessária. Pelo contrário, ela se tornou um elemento essencial para qualquer empresa que deseja prosperar no longo prazo. A sucessão não deve ser vista como um problema iminente, mas como uma oportunidade para fortalecer a imobiliária e garantir sua permanência no mercado por gerações.

CAPÍTULO 3

Nicho e posicionamento:
o poder da especialização

Uma das principais tendências comerciais no mundo é a segmentação. No mercado imobiliário, a atuação em nichos específicos tem o potencial de transformar a imobiliária em uma autoridade no segmento em que atua. A opção por segmentar é praticamente inevitável, a menos que você atue em um mercado muito restrito, uma região pequena. Ou, então, que você seja grande o suficiente e tenha condições de marcar presença em todos os mercados da sua praça. Na locação, o nicho é acima de tudo uma oportunidade de rentabilizar melhor a operação, mediante ganhos operacionais e de maior apelo mercadológico junto aos locadores, que têm a mercadoria essencial para a imobiliária, o imóvel.

As possibilidades de atuação em nicho na locação são muitas. O mais comum são as imobiliárias que se especializam em determinado recorte de território, seja um bairro específico ou região. Outros caminhos que vamos discutir são os recortes por finalidade, como a ênfase em imóveis comerciais, e por valor de aluguel, estratégias que estabelecem um norte para o crescimento da empresa. A locação de imóveis é um negócio sensível e complexo para ser conduzido sem uma estratégia clara. É muito fácil a empresa ter prejuízo com algumas ações impensadas, como abraçar imóveis com valor de aluguel muito baixo, que comprometam o seu ticket médio. Lembre-se de que o Custo de Aquisição de Clientes (CAC) continua lá, praticamente inalterado, com uma pequena flutuação para baixo nas comissões, mas o custo fixo permanece igual, indiferente ao perfil de produtos locados.

Se o conceito de segmentação ainda está pouco claro para você, um bom exercício para começar a pensar com cabeça de nicho é dizer não para negócios que estejam distantes da sua realidade e não ofereçam retorno compensador ao esforço adicional, de aprendizado, de processos e de marketing, que será feito. Aprender a dizer não para oportunidades que desviam o foco do seu time, com clareza dos motivos, é parte importante da maturidade de uma empresa e do empreendedor. E se a realidade da carteira não está clara para você, sua primeira tarefa é examinar os números dos imóveis administrados pela imobiliária e daqueles alugados ao longo dos últimos 24 meses.

Para entender o perfil do portfólio da sua imobiliária, agrupe os imóveis por bairros ou regiões, classifique-os por residenciais e comerciais, procure entender o ticket médio de cada grupo desses e o prazo médio dos contratos. Se houver informações disponíveis sobre o volume de chamados associados a esses agrupamentos, melhor ainda. Não se surpreenda se você descobrir que os imóveis de uma região de ticket médio mais baixo são aqueles que mais demandam esforços operacionais da sua equipe. Esse exercício de cruzamentos pode produzir conclusões muito válidas. Por exemplo, sabemos que imóveis comerciais costumam ser mais trabalhosos no processo de locação, mas depois geram menos esforço na gestão de chamados e respondem por parte expressiva do faturamento em muitas imobiliárias.

O convite para comparar os dados da carteira em geral com os imóveis alugados ao longo dos últimos dois anos é porque a sua equipe atual pode estar mudando a natureza da carteira administrada sem que você perceba. Sim, o time que trabalha a captação de imóveis tem poder para discretamente ir transformando o perfil da empresa. Na correria do dia a dia, você não compreende o tamanho da mudança que está em curso. A mentalidade orientada a dados nos ajuda a entender melhor a dinâmica de crescimento da empresa e impedir eventuais desvios de rota indesejados. Se você não definir uma estratégia para a sua empresa, o time de captação fará isso por você. Tão importante quanto buscar imóveis com o perfil desejado pela empresa é manter longe de casa os imóveis que geram sobrecarga em processos administrativos com baixa rentabilidade.

Captação

Um dos principais ganhos com a estratégia de nicho no aluguel se dá justamente na captação de imóveis. Empoderados pela internet, que lhes permite pesquisar em profundidade sobre qualquer tema, os consumidores estão cada vez mais exigentes, e com os locadores não poderia ser diferente. Diante de uma abordagem genérica de um captador, que não traga diferenciais consistentes, a chance de sucesso na captação é pequena. O jogo muda quando o captador se apresenta como um especialista no perfil de imóvel em questão, em condições de discutir a precificação com base em imóveis semelhantes, de estimar a velocidade de locação conforme a demanda de momento. O cliente passa a reconhecer valor no trabalho da imobiliária. Esse reconhecimento aumenta a autoridade que se traduz em melhores taxas de conversão e permite à imobiliária solicitar exclusividade ou cobrar taxas de intermediação e administração atrativas.

Na nossa pesquisa de mercado, identificamos que as imobiliárias de nicho na locação estão sofrendo menos com a escassez de produtos, muito em função também da sua força de marca. Antes de precisar abrir o Google para procurar uma imobiliária, o locador puxa na memória o nome daquela empresa que atende exatamente a sua necessidade. A lembrança de marca é determinante na largada da jornada do locador, e elementos como a concentração de placas em uma determinada região ou tipo de imóvel são decisivos para promover a captação receptiva, quando o proprietário bate à porta da imobiliária. Esse reconhecimento de marca decorre diretamente da repetição, um dos elementos centrais de comunicação. As pessoas precisam ser impactadas várias vezes até assimilarem um nome e associá-lo a um ramo de negócio.

Quando a repetição se torna marcante e o seu posicionamento é assimilado pelo cliente, a missão está cumprida. Os negócios começarão a chegar até a imobiliária organicamente. E você vai atrair clientes locatários alinhados ao perfil desejado pela imobiliária. Lembre-se de que os clientes que chegam até você são um reflexo da sua pauta de imóveis anunciados. Se você divulgar todo tipo de imóvel, vai atrair todo tipo de cliente, é simples assim. Entender com clareza quem é o seu Perfil de Cliente Ideal (PCI) é um gatilho determinante para o seu crescimento.

Se o nicho escolhido pela sua empresa puder ser embarcado no nome da imobiliária, melhor ainda. É o caso da Só Galpões, imobiliária de Belo Horizonte (MG) que, como o nome sugere, atua apenas com galpões. O nome da imobiliária reforça de forma inequívoca o segmento de atuação da empresa, funcionando como um ímã não apenas para locadores, mas também para locatários. Perceba o quanto a estratégia de segmentação é importante para o marketing da empresa. O nicho torna-se um diferencial. E o posicionamento claramente estabelecido potencializa o resultado dos investimentos em marketing, que passam a ser mais assertivos porque temos mais clareza de quem é o PCI.

Referência em galpões

Com mais de 45 anos de atuação no mercado, a Só Galpões se especializou em locação e venda de galpões comerciais, industriais e logísticos, consolidando-se como uma referência nacional nesse segmento. Liderada por Tiago Drumond e seus irmãos, já na segunda geração, a empresa adota uma abordagem consultiva, oferecendo análises personalizadas de viabilidade, com base em localização e infraestrutura dos imóveis e na atividade de cada empresa. Essa expertise permitiu à Só Galpões fidelizar grandes clientes corporativos e atrair investidores, posicionando-se como uma autoridade no segmento, reduzindo significativamente o custo de marketing e livrando-se da disputa de taxas para conquistar locadores. Tiago conta (em entrevista com os coautores):

> Nós não temos grandes dificuldades para sustentar o nosso valor. Na Só Galpões, o cliente economiza um tempo precioso e, consequentemente, dinheiro. Lembro do caso de um cliente de uma multinacional que nos ligou falando em inglês para agendar a visita do CEO dele a Belo Horizonte. O executivo teria poucos dias para definir o local de instalação da primeira fábrica da empresa no Brasil. Ao analisarmos o negócio e os objetivos deles, verificamos que a extensa lista de imóveis que tinham pré-selecionado estava completamente equivocada. Nós propusemos um novo roteiro de visitas, com apenas três galpões, com base na logística dos clientes, na distância dos principais fornecedores e nos zoneamentos ideais para aquela atividade. Conseguimos fechar o negócio no primeiro dia da visita, o que foi motivo de grande satisfação para o CEO, que havia viajado 8.000 km e precisava ser assertivo na decisão. As imobiliárias, em geral, não gostam do mercado de galpões porque o ciclo é longo. As tratativas costumam ser mais complexas, há muita negociação com jurídicos, muitas adequações nos imóveis, além da necessidade de licenças e análises que são específicas de cada negócio, mas é isso que nos permite acumular know-how e ser uma referência no segmento.

Território

Atuar com maior ênfase em determinado bairro ou região é uma das formas mais consagradas de nicho no mercado imobiliário. Nesse modelo, a imobiliária admite apenas imóveis localizados no território em que é especialista. Muitas vezes, essa forma de segmentação ocorre ou se acentua mais em função da procura dos clientes, que veem placas da imobiliária em profusão naquele território, e a procuram para deixar o imóvel para alugar. Ou seja, acaba não sendo exatamente uma estratégia, é algo que acontece ao natural. Quando a segmentação ocorre dentro de uma estratégia, e esse fator é entendido como diferencial pela gestão, é melhor, pois isso permite à imobiliária fazer um trabalho estruturado na captação de imóveis, centrando esforços na região de especialização, sem despender energia longe dali. Portanto, a gestão deve ter clareza da vocação da imobiliária em termos de território de atuação, para orientar melhor os esforços de crescimento da carteira.

Quando a gestão assume as rédeas da segmentação, ela também consegue promover o desenvolvimento dos captadores e atendentes, que devem avançar no seu entendimento do bairro ou da região. É fundamental que eles conheçam com a maior profundidade possível o comércio local, os estabelecimentos de qualidade, a dinâmica do tráfego, as regras de zoneamento, o histórico de valorização dos imóveis na região e por aí vai. O objetivo é dar mais confiança ao cliente que procura fazer negócio, seja locador ou locatário. Se a cidade em que a imobiliária atua é pequena para criar uma estratégia de segmentação, algo comum no interior do Brasil, a preocupação com o nicho continua sendo pertinente. Nesse cenário, o caminho é a imobiliária declinar e não admitir imóveis em regiões de pouco apelo mercadológico, com baixa procura ou ticket não alinhado ao perfil da imobiliária. Desse modo, você concentra a sua energia nas regiões mais virtuosas e promissoras da cidade, deixando de consumir energia com aquilo que não faz sentido.

Podemos chamar esse caminho de segmentação abrandada, em que a imobiliária pratica o não, rejeitando imóveis não alinhados. A relação de bairros não admitidos é uma informação fundamental para ser de amplo conhecimento dentro da empresa. Por outro lado, os bairros e regiões quentes devem ser abraçados. No caso de locadores que chegam à imobiliária querendo deixar o seu imóvel que não está alinhado à estratégia da imobiliária, é preciso ser claro e pontuar que o imóvel foge da especialidade da empresa. Se for um locador estratégico, com muitos imóveis na carteira, considere atendê-lo para não abrir espaço a outra imobiliária, mas este deve ser o único tipo de exceção admitido.

Na linha de novos negócios, uma oportunidade de especialização é a operação da locação de curta ou média temporada, uma tendência que se mostra mais acelerada em grandes centros urbanos e cidades turísticas. A locação de curta temporada é praticamente um negócio à parte, muito mais próximo do turismo do que propriamente do imobiliário, mas há imobiliárias com ênfase em vendas para investidores que estão abraçando esse segmento para atender os compradores administrando a locação de temporada, de modo a realizar o investimento dos seus clientes e continuar em contato com eles. O público são essencialmente turistas de lazer e negócios, bem diferente daquele com o qual estamos acostumados. É um negócio novo que pode fazer sentido para a sua imobiliária, especialmente se a sua empresa for próxima de grandes investidores dispostos a construir produtos inteiros para locação.

Ticket

Uma segunda possibilidade de segmentação é a de valor médio do aluguel. Essa natureza de nicho está diretamente atrelada à expectativa de rentabilidade da imobiliária. Geralmente, ela decorre de uma estratégia de se buscarem melhores resultados financeiros, subindo o ticket médio dos imóveis alugados. Novamente, veja a importância do controle dos dados da operação. As experiências mais comuns são de imobiliárias que decidem fechar as portas para imóveis com valor de aluguel abaixo de um determinado patamar, por exemplo, mil reais. O que deve embasar esse tipo de movimento é a leitura de mercado de que há campo mercadológico suficiente a ser explorado acima desse patamar, sem restringir o crescimento da imobiliária. Para chegar a essa conclusão, faça um exercício: procure tabular todos os imóveis anunciados da sua praça ou território conforme o ticket de locação, entendendo o volume de ofertas conforme faixas de valor de aluguel.

Se a faixa desejada pela imobiliária de valor da locação for estreita demais, você terá de baixar a régua. Ou, então, estabelecer uma taxa mínima de administração a ser praticada nas captações. Esse é um recurso adotado por imobiliárias que atuam com imóveis de ticket mais baixo, no esforço de viabilizar o seu trabalho. Por exemplo, a taxa de administração mínima da empresa é de R$ 90, ainda que o valor do aluguel seja de R$ 700. Para o proprietário, acaba sendo um negócio questionável, pois a taxa de administração chega a ser equivalente a quase 13% da locação. No entanto, o mais importante, a rentabilidade da sua empresa, está preservado.

Se você pretende fazer o esforço de subir o ticket médio da sua imobiliária, alguns pontos devem ser observados. Em primeiro lugar, considere a operação de vendas. Os imóveis de vendas não podem estar em um patamar de qualidade ou localização diferente da locação. O objetivo aqui é cuidar da sua marca, para que ela não envie sinais contraditórios ao mercado. Senão, os clientes enxergam um padrão de imóveis para alugar, outro padrão para vender e, ao fim, ficam sem entender qual é, de fato, o posicionamento da imobiliária. Outra preocupação deve estar na política de captação, que pode ter metas específicas ou gatilhos de incentivo para fomentar a busca por imóveis estratégicos. Por exemplo, deixar de usar a meta de número de imóveis captados para adotar, em seu lugar, o valor geral de locação, o VGL.

Ao trabalhar com imóveis de uma faixa mais alta de valor de aluguel, a captação também precisa se adaptar em termos de negociação. À medida que o ticket de locação sobe, a exclusividade torna-se mais difícil. Logo, os diferenciais da imobiliária precisam ser ainda mais sofisticados. Já no processo de locação junto aos locatários, a mudança de patamar dos imóveis trabalhados pede olhar atento em termos de garantias.

Um exemplo de imobiliária bem-sucedida no aluguel de alto padrão é a Jota8, de Curitiba. Nascida inicialmente com foco apenas em vendas, a imobiliária entrou posteriormente para a locação e conseguiu se estabelecer como referência na locação de imóveis com aluguel mensal acima de R$ 4 mil. Para sustentar esse posicionamento, todo ano é revista a lista de bairros em que novas captações são admitidas. "Nada contra os bairros mais afastados do Centro, mas atuamos onde nosso time possui maior expertise. Nossos corretores conhecem profundamente essa área, sabem avaliar os imóveis com precisão e conseguem otimizar seu tempo, chegando a realizar cinco visitas no mesmo dia", explica Caio Spitzer, diretor da imobiliária.

Operacionalmente, a imobiliária desenvolveu customizações que a ajudam a reduzir fricções no esforço de administração da carteira. Uma delas é listar no contrato de locação prestadores de serviços que estão previamente autorizados pelo locador a atuar em reparos do imóvel. Outra ideia é anexar notas fiscais de itens de decoração, como tapetes, para comprovar as especificações do produto e o valor investido pelo proprietário, pontos que poderiam não ser notados pelo vistoriador.

Locação comercial

A locação comercial é uma possibilidade de segmentação especialmente interessante, pois ela permite à imobiliária melhorar a rentabilidade com lucro maior e esforços otimizados. Porém, poucas empresas encaram a sério o aluguel de lojas, escritórios etc. Geralmente, o time dedicado ao aluguel comercial é o mesmo que trabalha com a locação residencial, sendo que há uma série de particularidades a serem observadas, desde a captação, passando por prospecção e atendimento de possíveis locatários, e por fim a gestão do contrato. Ou seja, não dá para encarar a locação comercial do mesmo jeito que fazemos com os contratos residenciais. Como a procura por casas e apartamentos é muito maior, os times de locação acabam focando justamente naquilo que tem mais liquidez, e o aluguel comercial acaba deixado de lado.

Para ganhar espaço no aluguel comercial, o esforço de planejamento é ainda maior, pois a locação comercial pede uma leitura ampla de mercado. A imobiliária precisa entender, por exemplo, a dinâmica de crescimento da cidade, para saber em quais direções a cidade está indo, quais ruas estão ganhando fluxo, quais regiões estão sendo adensadas em termos populacionais. É lá onde a sua empresa precisa estar captando imóveis ou propondo investimento a locadores, para que eles construam e você alugue. Ou seja, pode ser que o imóvel sequer exista, e a sua empresa vai contribuir para a montagem do negócio desde o princípio, na compra do terreno, partindo do entendimento da demanda local, que ninguém melhor do que você conhece. A formação do time que vai atuar com o aluguel comercial, portanto, é um grande desafio.

Para acelerar a locação comercial, não basta ter uma pessoa dedicada ao processo comercial ou à gestão desses contratos. Em primeiro lugar, é preciso ter o entendimento de que estamos diante de um processo muito mais consultivo e delicado do que a locação comercial. Nesse modelo de trabalho, o gestor adquire uma grande responsabilidade: conduzir a formação de captadores e atendentes que cheguem à operação na condição de generalistas ou mesmo como novatos, tornando-os verdadeiros consultores comerciais ou de relacionamento com clientes.

A segmentação por finalidade comercial requer desenvolvimento avançado para oferecer respostas com agilidade e demonstrando segurança na captação e na oferta de produtos com regras tão particulares de fechamento. Olhando para o processo comercial, lembre que as normas de concessão de alvará e licenciamento podem ser mais exigentes em determinados municípios e segmentos específicos, subindo a régua de conhecimento exigido do time comercial. A velocidade da locação comercial, em termos de fechamento, é muito mais lenta do que a da residencial, e isso exige mais organização, técnica e persistência dos envolvidos.

Além disso, fechar o contrato sem um alinhamento claro quanto aos aspectos de alvará e licenciamento, além da adequação do imóvel em termos de infraestrutura, como uma eventual reforma para atividades específicas, pode provocar arestas profundamente desgastantes para a sequência da relação entre imobiliária, locador e locatário. Ou seja, tudo precisa estar alinhado previamente e constar explicitamente no contrato, inclusive o ramo de atividade que será exercido. No aluguel comercial, não existe contrato padrão. A tendência é que todos tenham um alto nível de personalização. O dinheiro envolvido nessas locações é compensador, pois estamos falando de imóveis de ticket médio mais alto, mas a recompensa decorre justamente da maior especialização e também do esforço maior, em termos comerciais e administrativos.

Por conta dessa demanda mais crítica de formação de mão de obra, é comum que imobiliárias especialistas em locação comercial continuem tendo os donos como protagonistas, seja na captação junto a investidores, seja no fechamento de locações junto a grandes locatários, como multinacionais. Sendo o dono uma figura tão importante nesse modelo de segmentação comercial, é preciso realçar o seu papel na construção de redes de relacionamentos abrangentes, incluindo a participação em associações empresariais.

Outra dica importante é a imobiliária se aproximar das áreas de expansão de grandes redes como farmácias e franquias, que estão continuamente mapeando oportunidades de ingresso em novos mercados. É um relacionamento que precisa ser construído e que pode levar um certo tempo até produzir resultados, mas não deixe de fazer isso se você almeja crescer.

Conclusão

A segmentação é uma questão de sobrevivência para as imobiliárias, em tempos de avanço da concorrência. Ou você tem uma marca forte, reconhecida pelos clientes pelos seus diferenciais, ou a sua empresa será só mais uma. Uma imobiliária sem estratégia de segmentação é um barco sem direção, que atende a todos sob o risco de não atender a ninguém, por falta de conhecimento.

O consumidor e o investidor em imóveis não admitem mais a desinformação, eles buscam atendimento especializado, capaz de superar o seu nível de informação já adquirido previamente na internet. Na locação, mais do que isso, a segmentação é uma questão de melhor rentabilidade.

CAPÍTULO 4

Gestão financeira:
estratégias para rentabilidade
e crescimento sustentável

A operação simultânea nos mercados de locação e vendas é a mais comum de se observar entre imobiliárias brasileiras. Poucas empresas atuam exclusivamente com aluguel, porque a locação leva mais tempo para alcançar o ponto de equilíbrio, enquanto as vendas produzem resultado quase imediato, como falamos aqui anteriormente. As receitas advindas do aluguel serão inicialmente insignificantes e só com o tempo ganharão espaço. Além disso, há uma evidente inter-relação entre as duas operações quando estamos falando de clientes. Locadores são potenciais compradores de mais imóveis para investimento, e imóveis anunciados para aluguel também podem ser anunciados para venda (e vice-versa), o que torna quase obrigatório que a imobiliária de locação mantenha pelo menos um pé em vendas. Portanto, já que operar aluguel e vendas ao mesmo tempo é o normal, precisamos começar o tema de gestão financeira falando sobre a apuração de resultados de ambas as operações.

Algumas imobiliárias mantêm separação financeira completa entre vendas e aluguel, com CNPJs diferentes e contas bancárias diferentes. Se essa for a escolha da sua imobiliária ou não, entendemos como essencial que a imobiliária estabeleça uma divisão de centros de custos entre locação e vendas. Qual o objetivo disso? Observar com clareza os resultados de cada operação dentro de uma DRE gerencial. DRE é a sigla de Demonstrativo de Resultado do Exercício. O seu contador tem a obrigação de produzir uma DRE da empresa como um todo, exigida por lei, dentro de um padrão estabelecido, mas a DRE aqui proposta é gerencial, para consumo interno, e deve ser produzida pelo seu financeiro ou pelo próprio dono. Se você ainda não faz DRE, é fundamental que comece a fazer o mais rápido possível. Na correria do dia a dia, é fácil o gestor se acomodar e olhar apenas para a última linha – quanto sobrou no caixa no fim do mês. A imobiliária deu lucro ou prejuízo no mês? O problema é que a última linha pode acabar influenciada por uma grande transação de vendas, ou por contas transitórias do aluguel, por exemplo.

E o resultado da operação de aluguel, que pode ter sido negativo, passará despercebido ao longo de um ou mais meses. Portanto, a primeira bandeira aqui levantada é separar os números das duas operações em uma DRE que precisa ser feita todos os meses. Separar as receitas de locação e vendas é relativamente fácil, não há segredo nisso. Agora, quando estamos falando de custos, a separação não é tão simples assim. Para começar esse movimento de apuração de resultados com mais precisão, o passo inicial é classificar todas as despesas da imobiliária, criando centros de custos distintos. Uma sugestão é dividir as despesas da imobiliária em três centros de custos: aluguel, vendas e administrativo, dentro do qual podem ser alocados os gastos comuns a ambas as operações, como marketing e RH, que serão posteriormente rateados.

Com despesas e receitas lançadas adequadamente na DRE de locação, você enfim terá condições de entender o resultado obtido pela operação de aluguel na sua imobiliária, bem como o resultado de vendas. Isso pode parecer menos importante, mas não é. Quando você tem o cenário da sua empresa definido em cada operação, consegue envolver o seu time na busca por melhor desempenho. A locação não pode simplesmente ser a mantenedora da imobiliária, pagar as contas fixas da empresa, como muitos dizem por aí. Ela precisa ser lucrativa, acima de tudo. É comum os donos de imobiliárias se surpreenderem quando apuram os resultados reais das operações de aluguel e vendas. Deixe de trabalhar com o achismo e passe a usar dados confiáveis.

Taxas de intermediação e administração

A operação de aluguel de uma imobiliária exige escala para se tornar lucrativa. Para a imobiliária crescer, é preciso agregar receitas e controlar os gastos com inteligência, não há mágica. As principais receitas de uma imobiliária com a operação de locação são as taxas de intermediação e administração. Quanto mais a empresa cresce, maior é a fatia da taxa de administração no bolo de entradas, enquanto a taxa de intermediação vai se tornar menos relevante no consolidado. Então, vamos começar a tratar das receitas falando justamente dessas taxas. As taxas de intermediação praticadas pelo Brasil vão de zero a 100% do primeiro aluguel. E, aqui, queremos chamar a sua atenção caso a taxa de intermediação da sua cidade seja inferior a 100%. Taxas de intermediação baixas são um indicativo de mercado imobiliário desorganizado, em que as imobiliárias se digladiam em uma disputa prejudicial a todos os operadores locais.

Se a sua taxa de intermediação média está abaixo de 100%, estabeleça metas de aumento gradativo desse indicador e elabore argumentos e diferenciais a serem usados pelo time de captação. Avalie, inclusive, premiar o alcance das metas com bônus para a equipe envolvida. Como tudo na locação, a evolução será lenta, mas ela precisa começar. Se você não trabalhar por uma taxa de intermediação mais alta, não será o cliente que se prestará voluntariamente a pagar. E lembre-se do papel dos captadores na prática de melhores taxas. Eles precisam ser incentivados financeiramente a praticar taxas melhores.

Na taxa de administração, que já é ou deverá ser em breve a sua principal fonte de receitas, o cenário de revisão de percentual para cima é mais desafiador. Poucas cidades pelo Brasil ainda conseguem praticar taxas de administração superiores a 10%. A regra é de revisões para baixo, com imobiliárias que se aventuram em taxas de 6% a 8%, que antes eram praticadas apenas com proprietários de grandes carteiras ou em aluguéis de alto valor. Em pontos percentuais, a diferença pode parecer pequena, de 10% para 8%, mas estamos falando de uma perda de faturamento na ordem de 20%. É algo que a imobiliária deve evitar de todas as formas. E o caminho para defender a taxa de administração é ressaltar a relevância dos serviços da imobiliária, que dedica sua operação a administrar o patrimônio do locador oferecendo rentabilidade, preservação do patrimônio e tranquilidade.

Se a imobiliária decidir negociar taxas, ela deverá, pelo menos, exigir a exclusividade na divulgação do imóvel. Algumas imobiliárias usam o diferencial do aluguel garantido para praticar taxas de administração maiores, podendo chegar a 15% caso a imobiliária garanta o repasse do aluguel mesmo em caso de inadimplência. A ideia de trabalhar com pacotes de serviços, incluindo taxas diferenciadas para entregas diferenciadas, nos agrada, mas ela precisa ser bem formatada e explicada aos clientes, para depois não gerar atritos como cobranças inesperadas. Por exemplo, trabalhar com uma taxa de administração de 8%, mas cobrar R$ 100 pela geração da Declaração de Informações sobre Atividades Imobiliárias (Dimob). O que já vimos como esforço de rentabilização da taxa de administração é a imobiliária aplicar a taxa de administração sobre aluguel mais condomínio e IPTU, assumindo a cobrança e a quitação dessas despesas. Há também imobiliárias que cobram um décimo terceiro da taxa de administração, como costumam fazer os escritórios de contabilidade.

Um último recurso é adotar uma taxa de administração mínima. Por exemplo, a taxa mínima da imobiliária é de R$ 100 ao mês, independentemente do valor do aluguel, elevando o percentual da administração sobre imóveis de ticket mais baixo.

É uma forma de garantir que a administração de imóveis econômicos não gere prejuízos para a imobiliária.

Novamente, fica evidente a importância de se monitorar a taxa de administração média que está sendo praticada pela imobiliária. É preciso ter metas e acompanhar o indicador de perto, premiando os avanços obtidos. Quando você acompanha com atenção as taxas de intermediação e administração, seja em percentuais ou valores absolutos, algumas conclusões podem surgir, e uma delas talvez seja a necessidade de aumentar o ticket médio da imobiliária. Sim, diante da escassez de imóveis disponíveis para alugar em algumas tipologias e regiões, e perante a necessidade de aumentar a taxa de intermediação e a taxa de administração, trabalhar com imóveis de um aluguel mais alto tem impacto direto na rentabilidade da operação. É um movimento mercadológico que deve ser considerado pela direção.

Por outro lado, uma prática que deve ser evitada é a locação sem que a imobiliária faça a administração do imóvel, uma política comercial comum em cidades como São Paulo e Rio de Janeiro, que é positiva apenas para o proprietário. Nesse desenho, em que a imobiliária recebe apenas com a taxa de intermediação, compromete-se a recorrência da locação, e o negócio perde sentido para a empresa, sendo bom apenas para os atendentes ou corretores envolvidos e remunerados com comissionamento. A exceção são imóveis de altíssimo valor de locação, como galpões ou lajes corporativas.

Educando os clientes

Mudar a cultura dos clientes para aceitar taxas de administração e intermediação melhores é sempre um grande desafio, mas é possível alcançar esse objetivo. Na Franciosi, de Itapetininga (SP), uma das maiores carteiras de locação do interior de

São Paulo, o movimento de educação do mercado teve início nos próprios colaboradores, que tinham receio da cobrança, mas começaram a observar que, quando bem defendidas, as taxas de 100% na intermediação e 10% na administração eram bem assimiladas pelos clientes.

O diretor Fabio Franciosi revela o gatilho que despertou a alteração da estratégia de rentabilidade da imobiliária. Conforme ele analisa (em entrevista com os coautores):

> Tínhamos a convicção de que o mercado jamais aceitaria estes valores, até que um dia vimos o contrato de um cliente que havia pagado esses patamares na concorrência. Ali começamos a falar mais 'nãos' para os clientes intransigentes na negociação. E, com o tempo, vimos que estes clientes voltavam para a imobiliária por conta do nível de serviço. Hoje, entendemos que administrar uma carteira rentável é muito mais importante do que gerir uma grande carteira.

Outras receitas

Os olhos dos gestores de locação costumam estar atentos principalmente às taxas de administração e intermediação, deixando de lado outras fontes de receitas importantes que devem ser mensuradas e aumentadas continuamente. Qual a participação de outras taxas e receitas complementares no total de faturamento da operação de aluguel? A sugestão é que esse número esteja claramente descrito dentro da sua DRE. Nas poucas DREs que vimos até hoje dentro de imobiliárias, não encontramos menção a essas receitas de forma detalhada. Lembre-se de que só o que pode ser medido pode ser melhorado! E acreditamos que possivelmente há espaço para ganho de receita dentro da sua empresa, tornando este um desafio a ser transformado em metas para todos os departamentos ou etapas da jornada de locação. Fica a dica.

Sim, cada área pode se tornar uma unidade de negócios com receitas próprias, propiciando inclusive o pagamento de rendimento variável aos envolvidos. Alcançar um faturamento expressivo com outras taxas e receitas complementares só é possível com ousadia e testes de aceitação de novas possibilidades, especialmente junto aos inquilinos.

A primeira possibilidade é a cobrança de taxas de vistoria tanto na entrada quanto na saída do imóvel. As imobiliárias que adotam essa taxa geralmente contam com um fornecedor independente e especializado em fazer vistorias, o que justifica essa cobrança, alegando-se a imparcialidade da vistoria. Os inquilinos costumam aceitá-la, sem maior desgaste, só devendo constar no contrato. Outra possibilidade é cobrar uma das vistorias do proprietário, afinal, ele também é parte interessada na conservação do imóvel. Ainda quanto a vistorias, há imobiliárias que cobram uma taxa em casos de re-vistoria, quando o locatário pede a vistoria de saída e o imóvel não se encontra nas condições adequadas, gerando a demanda por uma segunda vistoria, esta sim cobrada, ainda que a vistoria seja feita por um colaborador da imobiliária.

Uma segunda possibilidade de faturamento dentro do processo de fechamento comercial é a taxa de reserva do imóvel. Algumas imobiliárias praticam essa cobrança chamando-a de taxa de análise cadastral, mas isso viola frontalmente o artigo 22 da Lei do Inquilinato, que não permite a cobrança de taxas administrativas "compreendidas as despesas necessárias à aferição da idoneidade do pretendente ou de seu fiador". Ou seja, a análise cadastral deve fazer parte das taxas administrativas, e não deve ser cobrada à parte. O melhor mesmo é chamá-la taxa de reserva, concedendo ao locatário o prazo de um a três dias úteis para apresentar a documentação exigida para a locação. E, se o negócio for fechado, o valor é restituído ao cliente, ou não, dependendo da política definida pela sua imobiliária. Se o cliente não trouxer a documentação no prazo acordado ou desistir da locação, o dinheiro ficará para a imobiliária, uma receita que ajuda a cobrir o custo de aquisição do cliente, mas que tem sido tema de disputa no Judiciário.

Ainda no que se refere ao fechamento, uma alternativa de receita mais expressiva e defensável é cobrar uma taxa pela assinatura eletrônica, em virtude da comodidade oferecida ao cliente. Os clientes incorporaram a cultura da assinatura eletrônica à sua rotina durante a pandemia, deixando de ser algo distante e incompreendido. Há imobiliárias que chegam a cobrar R$ 50 por assinatura, e caso o cliente se negue a pagar, você pode oferecer a alternativa da assinatura em papel, que vai gerar despesas de cartório e deslocamento. Ou seja, para o cliente, os R$ 50 pela assinatura eletrônica valem a pena. Só atenção: é preciso ter uma margem entre o que você paga pela assinatura eletrônica e aquilo que você cobra dos clientes.

Avalie, também, cobrar pela conveniência de assumir a responsabilidade pela ligação e transferência de contas de água e luz – os clientes estão hoje muito abertos a pagar pela conveniência que representa ganho de tempo. Por fim, encerrando o fechamento, há quem pratique uma taxa de limpeza do imóvel, cobrada do proprietário no início da locação e do inquilino ao final da locação, caso o imóvel não seja devolvido nas mesmas condições iniciais.

Já com o contrato assinado, outra possibilidade de receita é a cobrança junto ao proprietário de uma taxa pela geração anual da Dimob, que costuma mobilizar esforços dentro da imobiliária.

Essa possibilidade se aplica especialmente aos casos de declarações mais complexas, em que há várias pessoas que recebem o repasse, que pedem especial atenção da imobiliária.

Vale lembrar que, sempre que você decidir cobrar por taxas ou serviços que não estão explicitamente definidos na Lei do Inquilinato, esteja disposto a dispensar a cobrança diante de clientes que reclamem seus direitos e se neguem a pagar, colocando em risco o fechamento de um negócio. O desgaste pela persistência pode ser maior, incluindo reparação de danos. Não precisamos que todos paguem as taxas, mas elas devem ser ofertadas e pagas por um número expressivo de clientes. Se não há cultura de cobrança na sua empresa, comece aos poucos, mas leve as suas receitas para além da taxa de intermediação e da taxa de administração. Por questão de transparência, discrimine todas essas cobranças em contrato.

Se você ainda não tem segurança nessas cobranças adjacentes, pense sempre em deixar uma alternativa de atendimento ao cliente sem custos, para que ele possa escolher. É o caso, por exemplo, da assinatura eletrônica que pode ser feita em cartório e da a vistoria que pode ser feita pelo seu próprio colaborador e não por um terceirizado. Em casos levados à Justiça, uma forma de isentar a imobiliária de uma condenação é justamente mostrar que havia opções e diferentes formas de contratação do serviço.

Outra possibilidade de receita no curso do contrato é a prática de uma taxa de transferência de titularidade, quando os locatários desejam mudar um ou todos os titulares do contrato. Há quem cobre até um aluguel inteiro nessas situações. Tem ainda quem pratique a taxa de renovação de contrato, cobrando 50% de um aluguel junto ao locador ou uma taxa de intermediação inteira. É algo de fácil aceitação que precisa ser previsto inicialmente em contrato. A defesa da cobrança consiste na necessidade de aprovar o cadastro dos locatários novamente e gerar uma nova minuta contratual com base em uma nova negociação.

Repasses

A imobiliária jamais deve reter os repasses dos proprietários para seu capital de giro, uma prática tóxica que coloca em risco a credibilidade da empresa no mercado. O desgaste gerado por essa prática entre proprietários e, inclusive, colaboradores é enorme. Trata-se de um caminho sem volta, que pode condenar a imobiliária à falência, pois todos deixam de acreditar nela. Outro vício condenável é a imobiliária usar o dinheiro do depósito caução como fluxo de caixa da operação. A gestão financeira da imobiliária deve ser feita com o controle rigoroso dos recursos, sabendo-se exatamente o que pertence ou não à imobiliária, para que o empreendedor tenha clareza do resultado obtido com a empresa.

Na prática, a confusão entre capital de giro e valores de terceiros cria uma falsa sensação de segurança financeira para a imobiliária. A Apolar, imobiliária líder de mercado em Curitiba, é conhecida por sua abordagem conservadora e criteriosa na gestão de recursos. O CEO da Apolar, Jean Michel Galiano (em entrevista com os coautores), identifica as dificuldades na gestão financeira como um dos maiores desafios enfrentados por imobiliárias no Brasil:

> Em um primeiro momento, esses valores expressivos no caixa podem dar a impressão de saúde financeira robusta. No entanto, sem a separação adequada entre o que pertence à empresa e o que deve ser repassado aos proprietários ou locatários, o risco de comprometimento dos recursos operacionais se torna iminente. Imagine uma imobiliária que recebe mensalmente R$ 10 milhões em

aluguéis, dos quais apenas R$ 1 milhão representa sua receita real após os repasses devidos. Caso essa empresa passe a utilizar parte dos R$ 10 milhões para despesas gerais, acreditando equivocadamente que esses valores compõem seu capital de giro, o impacto financeiro se tornará evidente apenas quando os repasses aos proprietários forem comprometidos. Muitas vezes, quando a falha é percebida, a empresa já acumulou um déficit significativo, consumindo sua rentabilidade real e colocando em risco sua sobrevivência.

Ciente desses riscos, a Apolar adota uma política rigorosa para evitar essa armadilha. Um dos pilares de sua gestão financeira é o controle absoluto do fluxo de caixa, com práticas que incluem a definição de um dia específico no mês para verificar o caixa real da empresa – o chamado "dia 25". Nesse momento, após a liquidação de todos os compromissos financeiros e o repasse integral aos proprietários, a Apolar analisa o saldo disponível, garantindo que apenas os recursos pertencentes à empresa sejam considerados para fins operacionais. Essa prática, ainda que vista como ultraconservadora, tem se mostrado fundamental para preservar a sustentabilidade financeira e evitar o uso indevido de valores de terceiros.

Na Apolar, o planejamento financeiro é revisado pela direção a cada três meses, período em que os novos investimentos e os resultados alcançados são avaliados. No exercício de apuração, um ponto de atenção são as receitas complementares que vão além das taxas de administração e de intermediação. "Já chegamos a passar de 50% do faturamento vindo de outras fontes de receita", revela Galiano.

Ainda falando em receitas, há algumas imobiliárias que oferecem ao proprietário a possibilidade de antecipar recebíveis, ganhando comissionamento com isso. Na prática, o locador recebe o valor de aluguéis por vender futuramente, que são pagos por uma empresa de crédito. É uma possibilidade de receita a ser observada, que conta com o apoio de empresas especializadas nisso.

Comissões

A imobiliária também deve agregar receitas a partir da venda de serviços de terceiros. A receita mais simples de se obter é com a distribuição do seguro-incêndio, com o chamado pró-labore, ou repasse pela seguradora. A contratação do seguro-incêndio por dentro da imobiliária é praticamente uma regra pelas imobiliárias mais bem estruturadas. Já encontramos imobiliárias que deixavam a contratação do seguro-incêndio a cargo do inquilino para não gerar atrito no fechamento. É um erro do ponto de vista financeiro, pois o seguro-incêndio pode representar mais de 10% da receita da imobiliária, e é um erro também do ponto de vista operacional, porque, quando o inquilino contrata o seguro-incêndio sem o intermédio da imobiliária, ele pode cancelar a apólice a qualquer momento sem que a imobiliária fique sabendo, gerando um risco real para o proprietário do imóvel.

Há, ainda, o caminho de embutir a venda de outros seguros no negócio, como o seguro conteúdo, que protege o interior do imóvel, o seguro perda de renda, que cobre a queda de rendimento do cliente, e o seguro de vida para o locatário junto com o seguro-incêndio, prática comum que precisa ser discriminada em contrato. Nessas vendas, a imobiliária também é comissionada.

Outra fonte importante de receita para a imobiliária é o comissionamento na distribuição de soluções de garantias pagas, como a Fiança CredAluga, o Seguro Fiança, o Fundo

CredAluga e o Título de Capitalização, que oferecem a possibilidade de a imobiliária receber uma receita extra na distribuição desses produtos.

No caso do Seguro Fiança e do Título de Capitalização, que são produtos distribuídos por seguradoras, a comissão geralmente é paga para o corretor de seguros, que pode, ou não, negociar um repasse com a imobiliária. No caso de produtos como a Fiança CredAluga ou Fundo CredAluga, o contato da empresa é direto com a imobiliária, que é remunerada diretamente pela distribuição dos produtos.

No caso da Fiança CredAluga, há também a possibilidade de geração de receita adicional com a cobrança da taxa setup, que é repassada para a imobiliária e pode ser dividida, ou não, com a equipe. Se você divide com a equipe, ela se torna ainda mais interessada na distribuição do produto.

Ainda sobre serviços de terceiros, temos de falar sobre os ganhos com manutenção e reparos de imóveis. O comum é as imobiliárias ficarem com 10% do valor cobrado pelos prestadores de serviços parceiros. No entanto, em meio a problemas com esses parceiros, vemos muitas imobiliárias desistindo de intermediar esses serviços e empoderando locatários e proprietários a resolverem situações do dia a dia. Entendemos, no entanto, que, ao fazer isso, a imobiliária está abrindo mão de um serviço essencial que é cuidar da preservação do patrimônio do locador, gerando tranquilidade. Entendemos que o caminho é enfrentar o problema e estabelecer uma rede de parceiros confiáveis, trazendo-os para perto da imobiliária.

Outro caminho para acelerar os ganhos com prestadores é propor reformas aos proprietários de imóveis desocupados, como forma de acelerar a ocupação do imóvel. Há imobiliárias que dispõem, inclusive, de um profissional de arquitetura para formatar esses projetos. É algo de maior apelo especialmente em imóveis comerciais. É possível também, sempre que uma desocupação for finalizada, enviar a vistoria de saída ao locador e procurar sensibilizá-lo quanto à necessidade de fazer a conservação do imóvel com pequenos reparos. Você já tem fotos para evidenciar o estado do imóvel, isso ajuda no trabalho de convencimento.

Manutenção como unidade de negócio

Um exemplo de imobiliária que decidiu encarar a manutenção como uma unidade de negócio é a Roque Imóveis, de Limeira (SP), que criou a Roque Serviços. Fundada em 1984, a Roque realiza a média de 120 desocupações por mês, sendo que 100 delas acabam tendo os reparos na saída do locatário executados pela própria imobiliária. Para alcançar esse patamar de conversão, que reduz a fricção da rescisão, duas colaboradoras atuam focadas na venda do serviço, com a conveniência de que no fechamento do negócio já são acertados também os dias de aluguel necessários para a execução da obra. Para os locadores, a Roque oferece a possibilidade de fazer a manutenção que lhes cabe com o desconto do custo no repasse do aluguel, ainda que o imóvel esteja desocupado. Cássio Roque, diretor da imobiliária, explica (em entrevista com os coautores):

> Esta estratégia ajuda na fidelização desses clientes com a condição de exclusividade na captação. Com as obras que competem aos locatários executadas pela Roque, também temos vantagens na relocação desses imóveis, porque temos a gestão do acesso ao local e já conseguimos fazer visitas sabendo quando o imóvel estará liberado para o novo inquilino.

Com o volume expressivo de obras sendo executado pela imobiliária, a Roque consegue dispor de um time qualificado, com três engenheiros, além de reter bons prestadores de serviços, que trabalham quase exclusivamente para a empresa. Os preços ficam todos previamente alinhados entre as partes, o que facilita a venda pelo time da Roque. A grande diferença da Roque em relação às demais imobiliárias, no entanto, está na forma como ela encara a manutenção, tratando-a como uma unidade de negócio com resultados financeiros, planejamento e metas apartados. A Roque Serviços tem margem líquida de 20%, com faturamento equivalente ao de uma imobiliária com 1.000 imóveis em carteira.

Aluguel garantido

Muitas imobiliárias realizam o repasse do aluguel para o proprietário em dia mesmo se o inquilino atrasar. Quando isso acontece, a imobiliária sub-roga o direito do crédito do inquilino e tem direito a receber a multa pelo atraso que comumente é de 10% – algumas imobiliárias chegam a cobrar 20% de multa.

Apesar de a inadimplência ser uma oportunidade de rentabilização da imobiliária, cabe pontuar que a inadimplência deve ser sempre motivo de preocupação dentro da empresa, e não recomendamos que nenhuma imobiliária aprove cadastro duvidoso ou deixe de realizar cobrança adequadamente pensando em obter receita futura com a multa.

Dito isso, como atrasos acontecem, a imobiliária tem a oportunidade de rentabilizar com esse evento ao mesmo tempo que garante tranquilidade para o locador que recebe o aluguel em dia.

Despesas

Para melhorar a rentabilidade da imobiliária, precisamos falar também sobre despesas. Hoje, as possibilidades de economia e otimização de recursos são diversas, especialmente por conta dos avanços da tecnologia e do ecossistema de parceiros que está surgindo no mercado imobiliário. O ponto central a se explorar aqui, no entanto, são os gastos com pessoal, que costumam ser os mais altos de uma imobiliária de locação. Sugerimos especial atenção às comissões e à forma de contratação dos colaboradores. Os profissionais envolvidos em tarefas comerciais podem ser remunerados no modelo CLT, como PJ, ou ainda como corretores associados, caso possuam registro no Creci. O modelo CLT paga comissões mais baixas, que vão de 10% a 20% da taxa de intermediação, enquanto o formato PJ e de corretor associado remunera comissões mais altas, de até 40%, porque não envolve salário fixo – no máximo, paga-se uma ajuda de custo. Esses percentuais valem para atendentes comerciais ou corretores de locação e captação.

Na nossa leitura, o modelo PJ ou de corretor associado é sedutor para quem está começando a operação, por representar um custo fixo menor, mas ele compromete a rentabilidade da empresa à medida que o volume de negócios aumenta e a imobiliária cresce. Fazer a mudança de modelo posteriormente pode ser traumático, gerando reações negativas na equipe, por conta da redução de comissões. No modelo CLT, constatamos que a produtividade dos corretores costuma ser maior em volume de negócios. Logo, a recomendação é sempre pelo modelo CLT no comercial de locação, ainda que haja vários exemplos de imobiliárias bem-sucedidas no modelo PJ. Faça o comparativo do CAC, simule os dois cenários e avalie o que faz mais sentido para a sua empresa.

Em relação às comissões, especificamente, propomos especial atenção às comissões de captação. Diante da escassez de imóveis disponíveis para locação no mercado, temos o entendimento de que podemos caminhar para campanhas de incentivo que pagam bônus agressivos diante do alcance de uma meta expressiva de captação. O objetivo é não elevar as comissões por tempo indeterminado, procurando adequar a imobiliária ao momento de mercado. Ainda assim, quando falamos de comissionamento, precisamos adotar a cultura dos ganhos gradativos, que aumentem conforme a produção. Se você já paga um comissionamento alto demais, a margem de manobra para contornar o problema é justamente esta: estabelecer patamares altos de produtividade que, se atingidos, acionam o gatilho daquele comissionamento maior. Do contrário, o comissionamento será menor. Assim, você premia a manutenção de um patamar alto de produção.

No administrativo, comissões e bônus são pouco frequentes, mas temos ouvido cada vez mais questionamentos a respeito. É virtuoso que você olhe para a sua operação e identifique indicadores que possam ser premiados, ainda que anualmente. E procure também estimular a criação de novas fontes de receitas por cada departamento. Na prática, isso significa encarar cada departamento como se fosse uma unidade de negócios independente, que pode gerar receitas próprias e remunerar seu time pela performance alcançada. Nada mais justo para estimular o intraempreendedorismo!

Por fim, em questões tributárias, é sempre oportuno ouvir a opinião de um contabilista sobre o enquadramento da imobiliária. Procure uma opinião diferente do seu contador atual, pois ele pode estar adotando uma estratégia tributária equivocada. Cada empresa tem a sua realidade, a sua composição acionária específica, o que afeta a tributação diretamente, mas buscar um ponto de vista complementar é sempre algo muito produtivo.

Conclusão

A gestão financeira da imobiliária não é apenas uma questão de números, mas de estratégia e visão. Cada decisão tomada no âmbito financeiro reverbera em todas as áreas da empresa, impactando desde o relacionamento com proprietários e inquilinos até a capacidade de inovar e competir em um mercado desafiador.

Portanto, adotar uma abordagem proativa e orientada por dados, buscando sempre o equilíbrio entre rentabilidade e eficiência, é o que diferencia uma imobiliária que apenas sobrevive de uma que prospera e se consolida como referência no aluguel em sua cidade. Sem um planejamento financeiro sólido e estratégias eficazes de controle de gastos e melhor rentabilização, o crescimento da imobiliária pode rapidamente se transformar em um problema.

CAPÍTULO 5

Marketing no aluguel:
construindo marcas fortes e gerando resultados

A combinação de uma oferta limitada de imóveis e uma alta demanda por locação tem acirrado a concorrência entre as imobiliárias. Essa concorrência não está apenas na captação, nas taxas de administração ou na qualidade do atendimento, mas também na maneira como as empresas se comunicam, posicionam suas marcas e atraem novos locatários e, especialmente, locadores. O mercado exige, mais do que nunca, uma abordagem estratégica que combine o fortalecimento da marca e a geração de resultados.

Seja para atrair proprietários que desejam alugar seus imóveis – algo que deve ser o foco total do seu marketing –, ou para captar inquilinos em busca de nova moradia, as imobiliárias precisam se destacar em um ambiente saturado por mensagens publicitárias. Portanto, não basta estar presente: é preciso ser relevante, construir conexões reais e oferecer soluções que gerem confiança e conveniência.

Nesse cenário, dois pilares fundamentais surgem como essenciais para o sucesso de uma estratégia de marketing: Branding e Performance. O Branding atua na construção e no fortalecimento da identidade da imobiliária, garantindo que ela seja reconhecida como uma referência no mercado. Ele responde às perguntas mais profundas sobre a marca: qual é o seu propósito? O que a diferencia das demais? Já a Performance está focada em resultados tangíveis e mensuráveis, como o aumento de leads qualificados e a eficiência nas campanhas de mídia on-line e off-line.

Empresas que conseguem integrar essas duas abordagens colhem os benefícios de um marketing equilibrado, no qual a identidade forte da marca potencializa os resultados das campanhas e as estratégias de performance alimentam o reconhecimento e a confiança no mercado.

Vamos explorar como construir e implementar uma estratégia de marketing eficaz, alinhando as necessidades específicas das imobiliárias com as melhores práticas do mercado. Seja fortalecendo sua presença digital, otimizando a experiência do usuário no site ou aproveitando oportunidades em mídias off-line, o objetivo é garantir que sua imobiliária não apenas sobreviva às transformações do mercado, mas prospere nelas.

Branding

O branding é o alicerce fundamental para construir uma conexão emocional e duradoura com o público. Ele não se resume apenas a elementos visuais como cores, logotipos e slogans, embora esses componentes sejam parte importante de uma estratégia coesa. O verdadeiro poder do branding está na capacidade de moldar a percepção do mercado sobre a sua imobiliária, criando uma identidade que ressoe com os valores e expectativas dos clientes. É essa identidade que define como a empresa será lembrada.

Ao destacar atributos como a segurança dos processos e o cuidado com o patrimônio dos proprietários, o branding atua como um catalisador de confiança. Para um proprietário, entregar um imóvel à administração de uma imobiliária é um ato de extrema confiança, envolvendo, muitas vezes, o patrimônio de maior valor que ele possui. Da mesma forma, para um inquilino, alugar um imóvel representa a escolha de um espaço onde ele irá viver momentos significativos de sua vida. Quando a imobiliária comunica com clareza que compreende essas necessidades e se posiciona como uma parceira confiável, ela cria uma base sólida para relações de longo prazo.

O impacto do branding bem executado vai além da fidelidade imediata do cliente. Ele cria um efeito de amplificação, gerando recomendações espontâneas e fortalecendo a reputação da imobiliária no mercado. Proprietários satisfeitos tornam-se embaixadores da marca, recomendando-a a amigos, familiares e colegas. Inquilinos que vivenciam um atendimento excepcional compartilham suas experiências positivas, muitas vezes em redes sociais ou avaliações on-line, ampliando o alcance da marca sem custos adicionais de marketing.

Além disso, o branding também desempenha um papel crucial no alinhamento interno da empresa. Ele funciona como um guia que orienta os colaboradores em cada interação com o cliente, garantindo que a experiência seja consistente e reflita os valores centrais da organização. Quando todos na equipe compreendem e compartilham a visão e os princípios da marca, o resultado é uma comunicação mais coesa e um atendimento que reforça a identidade da imobiliária a cada ponto de contato.

Outro fator a ser levado em conta são os canais de comunicação. Eles devem estar alinhados aos objetivos da imobiliária e à jornada do cliente. No universo on-line, o site da imobiliária, o Google e redes sociais como Instagram e TikTok desempenham papéis fundamentais. Eles ampliam o alcance da marca e possibilitam interações diretas. Já no mundo off-line, as placas em imóveis estratégicos, outdoors e rádio criam presença e credibilidade.

Por exemplo, imobiliárias que utilizam placas de grandes dimensões em áreas de alto tráfego conseguem visibilidade generosa com baixo investimento. Do mesmo modo, redes sociais são mais eficazes quando não apenas promovem imóveis, mas também contam histórias reais de clientes e colaboradores, humanizando a marca.

A personalização é a chave para captar a atenção e construir relevância. Imobiliárias que adaptam mensagens às necessidades específicas dos clientes conseguem se destacar em um mercado competitivo. Uma campanha para captar proprietários pode enfatizar o aluguel garantido, enquanto uma campanha para inquilinos pode destacar a dispensa de fiador e a variedade de imóveis disponíveis.

Performance

Além da consistência da mensagem personalizada, é preciso ter assertividade na definição dos canais a serem explorados pela imobiliária, com atenção a frequência e públicos. É aí que entra a estratégia de performance e o investimento em mídia on-line e off-line. Mas quais são esses canais de mídia on-line e off-line nos quais a sua imobiliária precisa estar presente?

A estratégia de investimento mais comum no mercado de locação são os portais imobiliários. Mas, antes de sair investindo neles, avalie a presença dos portais na sua cidade. Existem praças em que os portais são pouco usados pelos usuários na jornada do aluguel. Para os casos de municípios em que os portais já têm uma presença mais forte e são utilizados como fonte de busca, avalie o perfil dos imóveis que estão sendo divulgados, pois é comum que determinados marketplaces tragam mais leads de determinado perfil de imóvel. Uma estratégia pertinente pode ser reduzir a carga de anúncios em divulgação para dar foco nos imóveis que mais convertem, aumentando o número de destaques.

A qualificação dos leads é um ponto de atenção dentro dos portais. Independentemente do marketplace, a sugestão é fazer um acompanhamento próximo da conversão de leads em locações efetivamente. Os portais costumam gerar alto volume de leads, mas nem sempre resultam em fechamentos de negócios. Observe, ainda, que os portais imobiliários não devem ser a base da sua estratégia de marketing. Se for definir uma prioridade, invista primeiro no que é seu, que é o seu site.

O site da sua imobiliária é frequentemente o primeiro ponto de contato com potenciais inquilinos e proprietários de imóveis. Ele deve ser não apenas visualmente atraente, mas também funcional e fácil de navegar. Isso significa ter um site rápido, responsivo, que se adapte às diferentes telas, e acessível em qualquer dispositivo. Certifique-se de que seus visitantes possam encontrar facilmente o que procuram, navegando você próprio no seu site. Esse costuma ser um exercício revelador.

Além disso, é fundamental ter pontos de contato muito claros e facilitados no site para o seu potencial cliente entrar em contato. Dentre esses pontos de contato, o que mais tem sido utilizado em sites imobiliários é o WhatsApp, já que os usuários buscam contato rápido e direto com um atendente. Por isso, sugerimos incluir um botão flutuante do WhatsApp no canto das páginas e incluir o contato de WhatsApp abaixo de todos os formulários, oferecendo mais de uma opção de conversão aos usuários. Utilizar ferramentas de inteligência artificial para automatizar o primeiro atendimento ou pelo menos a coleta das primeiras informações no site também pode ser um caminho interessante.

Um bom site, além de ter bom posicionamento nas buscas orgânicas, ajuda a alavancar os resultados de mídia paga. Ser encontrado quando alguém busca pela imobiliária ou segmento é fundamental.

Experimente abrir o Google agora e procurar pelo nome da sua imobiliária. Sabe o que é esse resultado que aparece em destaque na lateral direita no desktop e em primeiro lugar no celular? É o Google Gerenciador de Perfis de Empresas, o antigo Google Meu Negócio. Essa é uma ferramenta que reúne diversas informações das imobiliárias, como endereço, horário de funcionamento, avaliações de clientes e fotos.

Esse canal é gratuito e precisa estar sempre atualizado, porque pode ser que o seu cliente não procure pelo nome da sua imobiliária, mas apenas por "imobiliária". Nesse caso, para determinar o posicionamento nesse resultado, o Google vai levar em consideração: a proximidade (que é a distância da imobiliária em relação ao local do usuário), a popularidade (aqui, as avaliações e comentários são considerados) e a relevância (que é a correspondência entre o negócio e o termo que o usuário pesquisou).

Com o comportamento que o usuário tem hoje, pode ser que ele pesquise por uma imobiliária no Google e nem ao menos acesse o site, já entre em contato por telefone, WhatsApp ou então se direcione ao local.

Por isso, é fundamental que esse espaço esteja sempre atualizado e todas as avaliações respondidas, principalmente as negativas. Como já falamos, observar as avaliações negativas é um excelente termômetro para entender como sua empresa está sendo vista pelas pessoas de fora e entender quais processos precisam de ajustes.

Aliás, uma estratégia que pode ser adotada na imobiliária é o estímulo para que os clientes que tiveram bom atendimento façam uma avaliação nesse canal. Isso porque as pessoas utilizam as avaliações do Google Gerenciador de Perfis de Empresas para decidirem se é uma imobiliária confiável ou não.

Quando falamos em redes sociais, hoje existem muitas possibilidades para se posicionar e se relacionar com os clientes e potenciais clientes da sua imobiliária: Instagram, Facebook, YouTube, TikTok, LinkedIn, Pinterest... Isso não significa que a imobiliária precisa estar em todos esses canais. Muito pelo contrário, estar em uma rede social pressupõe frequência e constância em publicações, o que exige tempo e investimento. Então, não adianta estar em todas e não se posicionar verdadeiramente em nenhuma.

Hoje, as redes sociais mais utilizadas variam de acordo com o perfil do público, por isso é tão importante entender a sua persona. Por exemplo, se o seu negócio for mais voltado para locação de galpões, provavelmente o LinkedIn é onde seu público está, já quando falamos de aluguel para estudantes, o TikTok tem ganhado cada vez mais força. A rede social que entendemos ser a imprescindível para qualquer imobiliária, atualmente, é o Instagram.

Quando falamos em produção de conteúdo, o ideal é que a sua imobiliária faça o básico bem-feito nesses canais, inclusive utilizando formatos adaptados para cada um deles. A agência ou o analista de marketing da imobiliária precisa começar esse trabalho fazendo um planejamento, definindo os canais, a frequência, os formatos e as editorias que serão utilizadas.

Contudo, mais do que definir o que será publicado nas redes sociais, o caminho é humanizar e mostrar o dia a dia da imobiliária. Isso vai trazer verdade e credibilidade para o canal. Dar visibilidade para pessoas estratégicas da operação, como gestores, é um caminho interessante para a construção do posicionamento. Aqui entram os porta-vozes sobre os quais comentamos ao falar de branding. Evite ao máximo o uso de banco de imagens. Invista na produção de imagens próprias, sobre a imobiliária, os colaboradores e as regiões de atuação, além das imagens dos imóveis.

Dentro do marketing digital, outro ponto relevante é a compra de mídia. A estratégia de mídia on-line precisa começar por um planejamento para todas as etapas: topo, meio e fundo de funil, não se pode escolher apenas uma delas.

Isso porque o investimento deve entender que existe um público que já conhece a imobiliária e é mais provável de fechar negócio, mas também existe o oposto, aquelas pessoas que nunca ouviram falar da imobiliária e podem ser potenciais clientes, talvez não hoje, mas em algum momento. E ainda existem as pessoas que estão no meio dessa jornada de tomada de decisão. É preciso ter estratégias para atrair, engajar e converter os potenciais clientes, considerando que a jornada do cliente é como um funil.

No topo do funil, o objetivo é gerar consciência e alcançar um grande número de potenciais clientes. Aqui se encaixa o investimento na marca, ou seja, em branding. No meio do funil, o momento é de conectar a campanha de topo de funil, de branding, com a campanha de fundo. Ou seja, aqui precisamos mostrar para o cliente que a nossa marca tem a solução para o problema dele. Sugerimos no meio de funil a campanha de captação, com argumentos agressivos, trazendo números de locações por dia, tempo médio que um imóvel fica na carteira para ser alugado, percentual de lucratividade da locação, vantagens de ter um imóvel administrado com a sua imobiliária e o depoimento de proprietários satisfeitos.

No fundo do funil, estamos focados em converter os leads em clientes. Aqui estão as campanhas que trazem os imóveis em si. No fundo de funil também entram as campanhas sazonais de estudantes, Black Friday e outras.

E quais canais de mídia serão utilizados para colocar essa estratégia de funil em prática? Falando em mídia on-line, podemos considerar que as principais plataformas indicadas são o Google Ads e o Meta Ads, que engloba anúncios no Facebook e no Instagram. Existem tipos de campanha que deverão ser utilizados para atrair o público em cada uma das etapas da jornada de compra e todas essas etapas são importantes para chegar ao ponto da conversão. O investimento é relativo. O mais importante nesses canais é tomar muito cuidado com a segmentação e utilizar criativos em texto e imagem, especialmente em vídeo, que passem uma mensagem objetiva e relevante, para que o seu dinheiro não vá pelo ralo.

Gerados os leads, o ponto de atenção seguinte deve estar na forma de contato com essas pessoas. E-mail marketing e mensagens de WhatsApp são duas opções que podem ser utilizadas para estreitar o relacionamento com os seus contatos e conseguir fazer novos negócios dentro da sua base. Por isso, falamos que sua base é ouro.

Por algum tempo, o investimento em mídia off-line foi deixado de lado e os olhos do mercado se voltaram unicamente para a mídia on-line. Com a poluição do digital, cada vez mais inundado por anúncios inclusive de pessoas físicas, a mídia off-line está de volta. Isso não quer dizer que você deve parar de investir em mídia on-line e investir apenas em off. São estratégias complementares e não só podem como devem ser utilizadas no marketing de imobiliárias de locação.

As placas, a propósito, são um dos canais mais relevantes para posicionamento das imobiliárias. As placas são ferramentas excelentes para a divulgação da marca e precisam ser usadas de forma estratégica. Considere mapear imóveis em localizações relevantes, como uma esquina, um bairro importante para a sua imobiliária, ou imóveis comerciais que têm alta exposição e nos quais se utilizem placas maiores, com medidas diferenciadas. Faça testes, usando a logo em um tamanho maior ou incluindo QR Code para conversar no WhatsApp, por exemplo.

Avalie também se faz sentido incluir a placa da imobiliária em um imóvel que já tem outras placas quando a locação não for trabalhada com exclusividade. Sugerimos criar uma operação para realmente usar o espaço das placas como um canal de marketing, disponível para divulgação.

Estratégia integrada

Um exemplo de imobiliária que conseguiu integrar branding e performance de forma bem-sucedida é a Guarida, localizada em Porto Alegre. Ao reposicionar sua marca em 2022, adotando uma nova identidade visual, a empresa realizou um processo de ressignificação de valores, alinhando-os a uma comunicação clara e moderna, que primeiro foi compartilhada internamente e depois levada ao público externo. Com uma estratégia integrada de marketing 360°, que combinou campanhas digitais e off-line, a Guarida destacou-se na captação de locadores, utilizando canais institucionais que geraram resultados expressivos na atração desse público.

A construção de uma marca sólida transcende o design e as campanhas publicitárias. Júlia Dal Santo, CEO da Guarida (em entrevista com os coautores), reforça que a "marca é a maneira como a cultura de uma empresa se tangibiliza para o cliente externo". Esse conceito reflete a filosofia da empresa, que integra branding e performance em uma abordagem holística, começando de dentro para fora. Para a Guarida, o marketing não é uma função isolada, mas uma extensão dos valores e da cultura corporativa, traduzidos em ações concretas.

A reformulação recente da marca, alinhada com a modernização de valores e práticas internas, ilustra como o branding bem executado se torna um diferencial competitivo. A empresa revisitou seus valores, ressignificando-os com clareza e intencionalidade, comunicando-os primeiro internamente. "Tudo comunica", destaca Júlia, explicando que não apenas o logotipo ou os materiais publicitários, mas também os espaços físicos e a interação com os clientes expressam os princípios da Guarida.

A empresa adota uma estratégia de marketing 360°, que inclui campanhas digitais e off-line, mas mantém um foco estratégico no institucional. Essa abordagem tem sido particularmente eficaz para atrair proprietários. Além disso, campanhas sazonais, como promoções para inquilinos, são planejadas com precisão, reforçando o calendário de marketing e ampliando a percepção de valor da marca. A estratégia de marketing da Guarida explora canais digitais e off-line. O site, por exemplo, representa mais de 50% das conversões de leads, demonstrando a eficácia de um canal proprietário robusto e bem estruturado.

Outro ponto que diferencia a Guarida é o uso de colaboradores como modelos em campanhas, fortalecendo a conexão entre os valores corporativos e a equipe. O resultado é uma marca que, além de reconhecida, inspira confiança e lealdade entre clientes e colaboradores. Júlia destaca que o branding não é apenas sobre criar uma imagem, mas construir experiências que impactem positivamente a vida dos clientes. O conceito de "Viver melhor", adotado pela Guarida, exemplifica como a marca vai além da oferta de imóveis, abrangendo soluções e serviços que promovem qualidade de vida. Essa abordagem integral posiciona a Guarida não apenas como uma imobiliária, mas também como uma parceira na jornada dos seus clientes.

Conclusão

O marketing se torna cada dia mais complexo de ser executado, diante das crescentes possibilidades de canais e formatos. No entanto, a integração entre branding e performance demonstra que, para construir uma marca forte, é necessário muito mais do que boas campanhas publicitárias. É preciso ter uma cultura organizacional alinhada, valores claros e uma estratégia de comunicação que seja coerente com o propósito da empresa. A experiência da Guarida mostra que, ao investir em sua identidade e conectar seus valores às práticas do dia a dia, uma imobiliária pode não apenas sobreviver, mas prosperar em um mercado competitivo e em constante evolução.

CAPÍTULO 6

A captação como rota de expansão para a carteira de locação

A captação é a base do crescimento de toda carteira de locação. E ampliar a captação de imóveis é muitas vezes o principal desafio das imobiliárias que trabalham com locação. A dificuldade em conseguir novos imóveis disponíveis para alugar tornou-se um limitador do crescimento para muitas empresas, que passam a depender das relocações, ou seja, dos imóveis que desocupam, para continuar produzindo novos contratos. O ponto de atenção é que imóveis desocupados da própria carteira não representam crescimento. Na prática, a imobiliária que não consegue ampliar a captação de novos imóveis anda de lado.

A demanda por aluguel em algumas praças no Brasil está tão aquecida, que conhecemos casos de imobiliárias que chegam a ter mais de dez reservas em um mesmo imóvel, o que nos leva à pergunta: se tivéssemos mais opções de imóveis em carteira, quantos contratos poderíamos estar produzindo ao mês? Sim, o céu é o limite, desde que você tenha o imóvel disponível. Por isso a captação é tão estratégica para o crescimento da carteira. No entanto, como todas as imobiliárias estão atentas à necessidade de buscar imóveis, as estratégias de captação do passado já não produzem mais tanto efeito.

A captação óbvia, daquele imóvel anunciado pelo proprietário diretamente nos marketplaces, está produzindo cada vez menos resultados, pois certamente há várias imobiliárias do seu território trabalhando da mesma forma, usando os mesmos softwares de rastreamento de anúncios que ganharam mercado durante a pandemia. A captação passiva, quando o locador procura a imobiliária, também vem se tornando cada vez mais rara, pois sempre há alguém que chega rapidamente ao proprietário e faz a captação. Em um cenário de concorrência altamente acirrada, é preciso renovar estratégias e agir com inteligência.

Antes de pensarmos no processo de captação em si, o momento pede foco e clareza de atuação mercadológica.

Perfil de imóvel foco

O primeiro passo fundamental para acelerar o crescimento da imobiliária em um momento de mercado virtuoso para a locação é definir claramente com que tipo de imóvel a imobiliária deseja trabalhar. A captação tem o poder de desenhar o perfil de imobiliária que a sua empresa terá em um futuro próximo. Se você almeja uma carteira que renda menos problemas com manutenção, o começo desse movimento de qualificação dos imóveis está na captação.

O momento de mercado atual é uma oportunidade histórica para fazer esse tipo de ajuste na sua operação. Ao definir o perfil de imóvel foco da imobiliária, você está estabelecendo um norte para a sua empresa. O perfil de imóvel foco da imobiliária é onde os seus captadores vão concentrar energia dentro da rotina deles. É comum encontrarmos imobiliárias em que essa definição não existe, e as consequências dessa falta de clareza são problemáticas. A pauta de imóveis em divulgação está cheia de imóveis de baixa liquidez, gerando a falsa sensação de diversidade de imóveis para trabalhar, mas na realidade a produção de contratos é baixíssima em face da totalidade de imóveis. Se você trabalha com metas, o que deve ser considerado a título de meta é a captação de imóveis foco da imobiliária. E o que entendemos por imóvel foco? É preciso estabelecer bairros prioritários, valor de aluguel mínimo, se haverá a priorização de imóveis mobiliados, que tipo de imóvel comercial será admitido. Por exemplo, você considera trabalhar com salas comerciais? Há quem enxergue esse produto como um problema, que demanda esforços de divulgação com baixíssima liquidez.

Quando você tem clareza do imóvel foco, a imobiliária adquire ganhos em diferentes frentes. O investimento em marketing, por exemplo, pode ser mais bem orientado, concentrando esforços em uma região específica, utilizando placas. Da mesma forma, no digital, o marketing consegue otimizar recursos. E ao fazerem o trabalho de captação de rua, os captadores também podem priorizar determinado território. Além disso, o discurso de captação se torna mais relevante, com dados e impressões mais precisas sobre a demanda do mercado em que a imobiliária trabalha com foco, o que se torna perceptível aos olhos do locador, que tende a reconhecer a expertise da imobiliária confiando o imóvel a você. Em mercados sem exclusividade, essa atuação mais focada é uma questão de sobrevivência, pois você precisa de agilidade para locar o imóvel, senão um concorrente vai lá, assina contrato e o seu esforço de captação foi pelo ralo, gerando apenas custos para sua empresa.

Nos mercados sem exclusividade, o captador precisa trabalhar próximo dos corretores ou atendentes de locação, trocando impressões sobre a demanda. O captador tem de priorizar justamente a captação de imóveis que estão sendo demandados pelos locatários interessados e que sejam foco da imobiliária, para que o período de tempo entre a captação e a locação seja o mais curto possível. O imóvel parado durante semanas na carteira representa um alto risco de outra imobiliária entrar no circuito e atravessar o negócio. Se há poucos imóveis disponíveis para captação, precisamos aumentar a taxa de conversão dos imóveis captados em contratos assinados. Imóvel captado que não vira contrato de locação assinado é prejuízo para a imobiliária e desperdício de tempo do captador. Em um cenário de escassez de imóveis, acompanhar o percentual de captações fracassadas, que saem da imobiliária sem virarem contrato, é algo fundamental, para que ajustes de foco e processo comercial possam ser feitos rapidamente.

Estrutura de captação

Definido o foco mercadológico da imobiliária, o passo seguinte é a estruturação da captação dentro da empresa. Uma estratégia desaconselhada é que a captação seja parte das atribuições do corretor ou do atendente de locação, dividindo o seu tempo entre locadores e locatários. A captação pede dedicação exclusiva de tempo. Quando o captador precisa acumular tarefas estranhas ao trabalho de captação em si, quem mais perde é a imobiliária, que poderia estar produzindo mais captações e acelerando o seu crescimento. O captador que trabalha no fechamento de contratos de locação alterna demais a sua produtividade: em um mês ele capta bastante, porque a pauta de imóveis está vazia; no outro mês, com a pauta cheia, ele corre para assinar contratos e deixa a captação de lado, e assim a imobiliária não consegue estabelecer um ritmo de produção contínua. A imobiliária entra em uma montanha-russa de lento crescimento.

Em cada imobiliária, o captador vai ter um descritivo de cargo diferente, pois isso depende do tamanho da empresa, do número de colaboradores etc., mas tudo o que for tarefa depois da coleta da assinatura de autorização de divulgação do imóvel tem que ser analisado com atenção, buscando-se não comprometer a produtividade do captador. Portanto, cuidado com captadores que acompanham visitas de locatários, que fazem vistorias, pois tudo isso é um dreno de produtividade. Blindar o captador é essencial. Assim, uma linha de trabalho interessante é a adotada pela Valore Imóveis, de Belo Horizonte.

Na Valore, a rotina dos captadores foi dividida em três etapas buscando elevar a produtividade deles. Nesse desenho, uma pessoa se dedica unicamente a mapear oportunidades no mercado, visitando marketplaces e sites de concorrentes para identificar quais negócios fazem sentido para a imobiliária. Um segundo profissional faz uma abordagem inicial aos clientes mapeados, com foco no agendamento de uma visita presencial, tudo para enfim entrar em campo a figura do captador, que vai concluir o trabalho. Esse modelo de captação tem permitido à Valore dobrar a produtividade dos seus captadores em relação ao modelo clássico de captadores que faziam o serviço de ponta a ponta.

Em termos de perfil, para atuar na captação com sucesso, o profissional precisa ter ou adquirir conhecimento amplo sobre os processos de locação. Isso porque é natural os locadores trazerem dúvidas sobre financeiro, desocupação, reparos e garantias. Ou seja, quanto mais preparado para falar sobre esses temas o captador estiver, melhor será o seu desempenho. Por isso, é natural que vistoriadores, por exemplo, se tornem captadores. E, ao pagar comissões mais altas, inclusive corretores e atendentes de locação podem se interessar pela captação. Se você está disposto a formar uma pessoa júnior, invista energia em treinamento e formação. Vemos também como diferencial a capacidade de relacionamento do captador. Quanto mais ele for capaz de se conectar com os locadores, mais ele poderá receber imóveis por indicação futuramente. Há captadores que se mantêm em contato com os locadores mesmo depois da locação, servindo como alternativa de interlocução entre a imobiliária e o cliente, especialmente quando ocorre algum tipo de problema no contrato.

Time de captação estruturado? O passo seguinte é estabelecer metas. Um captador focado, de altíssima performance, chega a produzir mais de 50 imóveis por mês, mas cuidado na hora da cobrança. Tudo depende de cultura, tamanho e regras da praça, além da força de marca da imobiliária. Se o mercado trabalha sem exclusividade, a produtividade aumenta. Se o imóvel é divulgado sem exclusividade e sem assinatura do proprietário em documento autorizando o trabalho, a produtividade é ainda maior. Nos mercados mais organizados, com exclusividade, a produtividade fica entre 10 e 20 captações mensais. Portanto, o que vai determinar as metas são as condições impostas pelo mercado e pela imobiliária. Outro ponto de atenção deve estar na diferenciação dos números entre captações ativas e passivas, quando os locadores procuram a imobiliária, reduzindo o mérito do captador.

Em relação ao comissionamento do time de captação, a comissão deve estar diretamente atrelada às taxas de intermediação e administração obtidas na captação, com incentivo para a obtenção de taxas mais altas em valores absolutos e em termos percentuais. Quando o time de captação recebe a comissão sobre o VGL realizado independentemente das taxas praticadas, passamos a ter captadores sem compromisso com a melhor rentabilidade da imobiliária. É um vício comum de se encontrar pelo Brasil. As taxas médias da imobiliária começam a cair porque os captadores não enxergam vantagem em cobrar mais, pois eles não ganham nada com isso. Outra variável de incentivo na comissão de captação pode ser a obtenção de exclusividade.

Exclusividade

A questão da exclusividade pede uma análise atenta. O acirramento da concorrência entre as imobiliárias que atuam na locação de imóveis tem levado a uma crescente onda de flexibilização da exclusividade, que antes era a prática mais comum em algumas capitais brasileiras. Cada vez mais gente tem possibilitado ao proprietário trabalhar com mais de uma imobiliária simultaneamente, o que é vantajoso apenas para uma das partes – sim, o proprietário. Sem exclusividade, as imobiliárias ficam em uma situação vulnerável e acabam não realizando investimentos adequados em fotografia e divulgação, pois sabem que outra imobiliária pode atravessar e fechar negócio, comprometendo todo o trabalho realizado. Se a exclusividade é a cultura do seu mercado local, perfeito, continue buscando-a no contato com os proprietários.

Se ninguém trabalha com exclusividade na sua cidade, fazemos um desafio: comece a oferecer a exclusividade como uma opção de contratação, com incentivos perceptíveis ao cliente, e você pode se surpreender com a adesão deles. Nesses mercados mais abertos, geralmente a falta de exclusividade degenera a atuação das imobiliárias, que não conseguem oferecer serviços relevantes aos proprietários e deixam de fazer a venda da captação, sem criar e oferecer diferenciais. É um ciclo vicioso que se cria. As imobiliárias limitam-se a cadastrar o imóvel no site e ponto final. A empresa se acomoda e nivela por baixo os seus serviços, afinal, o cliente não os valoriza. Interrompa esse ciclo. Para mudar esse quadro, entenda o que os concorrentes estão oferecendo, faça um cliente oculto para isso.

Depois formate e proponha vantagens que mexam com o proprietário, como uma taxa de administração menor para imóveis exclusivos. Por que não, também, se comprometer em pagar o IPTU ou o condomínio caso o imóvel não seja locado em 90 dias, no caso de imóveis de alta liquidez? Há, também, quem assuma a limpeza e a conservação do imóvel durante a vacância, de modo a obter a exclusividade. Afinal, o bom imóvel, captado com exclusividade, vale ouro, é praticamente a garantia de locação no curto prazo. Sugerimos fazer exercícios e campanhas provocativas com frequência, testando a aceitação de argumentos mais agressivos especialmente com produtos em escassez crônica.

De outro lado, estimule e treine a sua equipe para essa mudança de mentalidade, estabelecendo inclusive metas específicas e uma remuneração diferenciada nessas captações exclusivas. Importante destacar que os imóveis captados com exclusividade merecem atendimento especial também em termos de feedback sobre visitas, que precisam ocorrer com frequência no máximo mensal, e acabam tendo a preferência da equipe comercial na hora de oferecer aos potenciais inquilinos. Só se lembre de vender a exclusividade apenas a imóveis de qualidade, com maior liquidez, pois você seguramente será cobrado pelo proprietário no sentido de resultados. Aqui, entra o conhecimento da demanda, que o seu time comercial precisa ter com clareza. Captadores e corretores ou atendentes comerciais de locação devem estar continuamente em contato. E a alta gestão está convidada a participar de captações eventualmente, para entender melhor os desafios do time no campo.

Indicações

O modelo de captação de imóveis com base em indicações foi consagrado por startups do mercado imobiliário, e não pode ser desconsiderado dentro da sua estratégia. Hoje, há inclusive softwares que ajudam a imobiliária a gerenciar essas captações de parceiros. Para rodar um programa de indicações, alguns passos são fundamentais. Em primeiro lugar, defina o perfil de imóveis desejado, para não gerar frustrações no futuro. Abrir demais as opções desejadas pode atrair imóveis indesejados, bem como restringir demais as opções pode deixar a campanha de indicação confusa e pouco atraente. Encontre um meio-termo, sabendo que alguns imóveis indesejados sempre acabam vindo. Depois, priorize um público a ser trabalhado.

Olhando para fora da imobiliária, por razões óbvias, o maior potencial de colher resultados é junto a zeladores e porteiros, que acompanham de perto a rotina dos condomínios. Os porteiros são em geral os profissionais mais visados, e em algumas cidades o assédio sobre eles é grande, o que pede proximidade, contato presencial e a oferta de gentilezas antes de qualquer captação ser realizada. Em condomínios com portaria virtual, uma forte tendência, o zelador ou a pessoa responsável pela limpeza torna-se o melhor canal de acesso, que pode ser encontrado geralmente pela manhã. Para ganhar consideração de porteiros e zeladores, faça ações de aproximação continuamente. Há imobiliárias que promovem eventos e campanhas de incentivo com prêmios agressivos. Se você opera com vendas, as premiações podem ser ainda melhores. Outro caminho é estabelecer parceria com o próprio condomínio, revertendo parte dos ganhos com a transação de venda ou aluguel para os moradores.

Dentro da imobiliária, no entanto, é onde está a maior oportunidade: os corretores de imóveis que atuam com vendas. Eles percorrem a cidade diariamente e conversam com investidores. Por isso, é fundamental ter um programa de incentivo a indicações para os corretores da sua própria equipe, vencendo a resistência deles, que temem afugentar compradores dos seus imóveis captados por conta da divulgação para locação.

Um dos maiores cases que exemplificam a importância dos corretores de vendas em uma estratégia de captação para o aluguel é o da Casa Mineira. Fundada em 1983, em Belo Horizonte, e vendida ao QuintoAndar em 2021, a empresa soube enxergar um potencial latente no mercado de locação e transformou essa percepção em um motor de crescimento exponencial. O que permitiu a expansão acelerada da carteira de locação foi justamente a forma inteligente com que a imobiliária integrou as áreas de vendas e aluguel, aproveitando ao máximo os ativos que já estavam dentro de casa. A Casa Mineira percebeu que muitos imóveis que estavam sendo captados para venda saíam para locação em outras imobiliárias, sem que a empresa fizesse negócio.

Ao identificar essa falha, Daniel Santos, coautor deste livro e diretor de Aluguel da Casa Mineira na época, estruturou um modelo de indicação interna, pelo qual corretores de venda passaram a ter incentivo financeiro para indicar imóveis para locação. Isso significava que, sem desviar seu foco principal, os corretores podiam gerar receita adicional simplesmente conectando o setor de locação a imóveis que já estavam no radar da imobiliária. Se os corretores não fizessem a indicação, o departamento de captação de aluguel tinha sinal verde para abordar esses vendedores buscando a conversão do imóvel para a locação, sem que o corretor captador de venda tivesse ganho financeiro na operação. Foi o que bastou para que o volume de captações por meio dos mais de 400 corretores de vendas explodisse, servindo de base para o crescimento da carteira.

Esse modelo trouxe vantagens tanto para a imobiliária quanto para os corretores. De um lado, a empresa passou a reaproveitar melhor os imóveis já captados para venda, freando o ataque dos concorrentes e fortalecendo sua posição no mercado de locação. De outro, os corretores passaram a ter incentivo financeiro direto ao indicarem imóveis para locação, garantindo uma receita extra sem precisarem alterar seu foco principal na venda – todo o trabalho de captação ficava a cargo dos captadores. Essa abordagem inovadora resultou em um crescimento expressivo da carteira de imóveis administrados, que saltou de 500 para 5.000 unidades em cinco anos, sem a necessidade de um investimento elevado em captação ativa.

Mais do que um simples ajuste operacional, essa estratégia consolidou uma cultura interna de trabalho integrado, na qual a locação e a venda passaram a ser tratadas como operações complementares e não concorrentes. Outra linha de ação semelhante, adotada pela Prolar Netimóveis, também de Belo Horizonte, coloca os corretores de vendas para acompanhar visitas de potenciais locatários, como forma de inserir esses profissionais em condomínios, com foco em buscar captações que sirvam às duas unidades de negócio. O CEO da Prolar, Vinicius Araújo, conta que muitos negócios de vendas também surgiram a partir da conversão de potenciais locatários em efetivos compradores. A Prolar também paga uma recorrência sobre a taxa de administração dos corretores que indicam imóveis para locação.

Da mesma forma como você pode trabalhar com corretores de venda da sua imobiliária, é possível também estender as condições para corretores autônomos que trabalham sozinhos no mercado ou em outras imobiliárias que operam unicamente vendas. Para que ações dessa natureza produzam resultados, só lembre sempre de definir um responsável pelos programas de indicações, que pedem divulgação contínua, acompanhamento de resultados e esforços de relacionamento. Por fim, considere também oferecer incentivos para que todos os colaboradores da imobiliária façam indicações de imóveis para alugar. Todos podem contribuir e devem ser remunerados em condições de igualdade caso indiquem imóveis para alugar dentro da empresa. Um dos times com maior potencial para gerar resultados são os profissionais de pré-atendimento, que conversam com dezenas de clientes por dia.

Por fim, é possível trabalhar também com indicações de locadores e fiadores da carteira, que podem ter imóveis próprios em outras imobiliárias ou conhecer potenciais clientes que poderiam ser trazidos para a sua empresa. A abordagem a fiadores e locadores da carteira pede estratégia, e talvez a melhor forma de fazer contato seja com uma pessoa de relacionamento, e não com o captador diretamente. O contato não pode ser abusivamente comercial, e o ideal é que haja um contexto para a abordagem. Por exemplo, atualizar o cliente sobre a evolução do preço do metro quadrado naquela região.

Argumentos de captação

Na busca pelos imóveis de maior procura, é essencial estabelecer diferenciais claros da imobiliária. Nas conversas que temos com captadores, fica claro que muitas vezes eles estão despreparados para vender a imobiliária. Em geral, trabalham no piloto automático, pedindo ao cliente para divulgar o imóvel como se pedissem um favor. Precisamos mudar a lógica. Como, então, convencer o proprietário a deixar o imóvel com a sua imobiliária, não com o seu concorrente ou fazendo locação direta? A resposta é simples: comece entendendo a dor do proprietário. Procure ouvi-lo sobre como está sendo a experiência de deixar o imóvel para alugar, seja na locação direta ou com uma imobiliária concorrente. O que ele busca com a locação? Qual a expectativa dele? Um bom vendedor, ou melhor, um bom captador, sempre escuta atentamente em primeiro lugar, entende as dores do cliente, para só depois apresentar os seus argumentos. E se o mercado mudar, como aconteceu na pandemia, também atualize e adapte os seus diferenciais.

Os diferenciais que serão apresentados ao proprietário precisam dialogar com as expectativas ou dificuldades do cliente. E as vantagens da sua empresa devem estar, antes de tudo, na ponta da língua do captador. Pode parecer óbvio, mas é comum os captadores tropeçarem ao explicar os diferenciais da imobiliária. Eles precisam estar adequadamente treinados e contar com o suporte de materiais de marketing que os ajudem a recitar as vantagens em deixar o imóvel com você. Deve-se construir um mapa de objeções com os argumentos a serem usados para cada situação colocada pelo cliente. No caso dos proprietários da locação direta, vale um mapa de objeções específico, porque eles não acreditam nas imobiliárias ou não aceitam pagar Imposto de Renda.

Para que esses argumentos e o contorno de objeções sejam plenamente assimilados pelo seu time de captação, faça exercícios semanais de captação simulada entre si. Na prática, significa colocar um captador para fazer de conta que está captando um imóvel e o gestor se passa pelo cliente. São os chamados role plays, técnica de vendas que pouca gente usa no imobiliário e que tem potencial para jogar luz sobre as dificuldades do seu time na linha de frente com os clientes. Quais são as objeções mais comuns impostas pelos clientes? Traga-as para os role plays e treine o seu time para contorná-las.

Na hora de construirmos os argumentos, precisamos pensar com a cabeça do cliente. O que um proprietário espera de uma imobiliária que faça a administração do imóvel dele? Geralmente, ele espera três coisas: (1) que o imóvel seja alugado rapidamente e pelo preço de mercado; (2) que o pagamento do aluguel ocorra sempre dentro da data combinada; e (3) que o imóvel seja bem cuidado, retornando, ao fim do contrato, em condições similares às que havia quando foi alugado.

Sabendo disso, vamos pensar nos diferenciais que atendam essas dores. Em primeiro lugar, para que o imóvel seja alugado rapidamente e pelo preço de mercado, a imobiliária deve mostrar sua capacidade de avaliação, trazendo exemplos de imóveis semelhantes que foram alugados há pouco tempo. Assim, a avaliação deixa de ser teórica e torna-se tangível para o cliente. O estudo de mercado faz uma grande diferença. Você mostra que o imóvel do cliente pode ser o próximo, e já com uma estimativa de valor real de aluguel, deixando o achismo do cliente de lado. Vale também explorar a capacidade de fazer boas fotografias, que aumentam as chances de alugar o imóvel com mais agilidade. Se você é especialista em um determinado bairro ou nicho de mercado, como imóveis de alto padrão, aproveite esse argumento e reforce sua autoridade, lembrando que a especialização atrai mais clientes alinhados ao perfil do imóvel que está sendo captado. Ou seja, há maior chance de você alugar o imóvel dele com rapidez.

O segundo argumento relevante para os proprietários é o pagamento do aluguel em dia. Em imobiliárias que oferecem o aluguel garantido, não há argumento melhor. Já em imobiliárias sem o aluguel garantido, pontue que a aprovação de crédito da sua imobiliária é rigorosa. Se for o caso, abra detalhes como o processo de consulta à Serasa. Há ainda imobiliárias que focam em alugar com garantias pagas, o que lhes permite, na prática, oferecer o aluguel garantido, visto que o seu parceiro em algumas semanas irá honrar o aluguel de clientes inadimplentes. São alguns argumentos para trabalhar o cliente que valoriza a questão da adimplência. Lembre-se de que a decisão de aceitar determinada garantia é do locador. Quando a imobiliária demonstra segurança para ele em termos de garantia, buscando a segurança especialmente das garantias pagas, isso pega bem. Acreditamos que os captadores precisam falar mais de garantias com os locadores.

Por fim, vamos falar do terceiro argumento que costuma sensibilizar os proprietários – o cuidado com o imóvel. Para conquistar esse cliente, comece falando do seu processo de vistoria, o quanto ele é detalhado e minucioso, tanto na entrada quanto na devolução do imóvel. Outro diferencial simples de providenciar, caso você não o tenha, é fazer a limpeza dos imóveis antes de entregar as chaves ao inquilino. Isso mostra o zelo do proprietário e da imobiliária com o imóvel, gerando maior comprometimento dos inquilinos com a manutenção do imóvel. Também vale falar sobre a rede de parceiros e fornecedores da imobiliária, que pode ser acionada para fazer pequenos reparos e serviços no imóvel, caso seja preciso. Assim, trabalhando esses pontos, você consegue fugir da vala comum das imobiliárias que simplesmente pedem para divulgar o imóvel do proprietário, sem gerar diferenciais e conexão com os clientes.

Relocação

Em um cenário de crescente concorrência, precisamos estar atentos também à desocupação de imóveis administrados pela imobiliária. A guerra da captação em curso faz com que muitos locadores da carteira queiram sair quando o imóvel é desocupado. Some-se à concorrência a experiência negativa durante o contrato e temos um imóvel a menos dentro da empresa. Por conta disso, temos recomendado que o time de captação entre em campo logo após a comunicação da desocupação, para já amarrar o proprietário com uma nova avaliação, se possível com reajuste do aluguel, e o início rapidamente da divulgação. Estamos falando de uma passagem de bastão que tenha, inclusive, meta de retenção desses clientes na casa, com remuneração à parte específica, porque a saída desses imóveis representa, na prática, a diminuição da carteira.

No cenário de escassez de imóveis em algumas tipologias, como casas nos grandes centros urbanos, o reajuste do aluguel na desocupação também ajuda a aumentar a rentabilidade da imobiliária, ampliando o seu ticket médio e, consequentemente, o faturamento com taxas de intermediação e administração. A avaliação dos imóveis, a propósito, é um gancho importante para atrair investidores que estão com imóveis em outras imobiliárias. Uma das estratégias de marketing mais eficientes para atrair locadores em fase de desocupação em outras empresas é a oferta de uma calculadora de valor do aluguel. A calculadora serve como isca, provocando os locadores a calcular a rentabilidade estimada do seu imóvel. Lembre-se de que não existe solução fácil em captação. É preciso atuar em diversas frentes para que a falta de imóveis não se torne um gargalo no comercial de locação.

Investidores

Assim como os imóveis de relocação, o relacionamento com investidores também é estratégico para a captação de imóveis. É comum que locadores da imobiliária tenham imóveis administrados simultaneamente por outras empresas. Identificar esses proprietários e estabelecer uma agenda positiva com eles é fundamental. Não dá para entrar em contato com esses clientes só para falar de inadimplência, de desocupação, de problemas no imóvel. Aliás, precisamos perder o medo de falar com os clientes. O medo que existe dentro das imobiliárias decorre do contato restrito apenas a situações difíceis. Precisamos pensar em assuntos e situações positivas. Da mesma forma, sempre que houver problemas nos imóveis desses clientes, a solução precisa ser a mais rápida possível. Por isso, uma dica é sempre classificar os clientes em níveis estratégicos, para que os clientes mais relevantes não sejam negligenciados. Olhando para fora da imobiliária, os investidores são um público que precisa figurar como persona estratégica a ser trabalhada pelo marketing da imobiliária.

Considere ter continuamente campanhas de marketing voltadas à atração de investidores, mas atenção. Para atrair investidores, mais do que uma campanha de impacto, você precisa ter em mãos oportunidades palpáveis. Não dá para atrair o investidor e falar vagamente do investimento imobiliário. O primeiro passo é mapear e construir oportunidades concretas de investimento em locação, com uma seleção de imóveis disponíveis à venda com perfil para aluguel de alta rentabilidade. Esses imóveis podem ser ofertados também para investidores da casa, que já alugam na sua empresa. Podem ser casas, apartamentos, ou mesmo terrenos onde o produto de locação será colocado, não importa. É fundamental estar de olho no mercado.

A montagem do negócio pode até render comissionamento de venda para a imobiliária, com receita ainda maior na mesa. Na montagem de negócios assim, é possível mesmo a imobiliária entrar como investidora junto dos seus clientes, e aí você garante a administração do imóvel no longo prazo. Essa operação tendo a imobiliária como sócia costuma ocorrer especialmente em imóveis comerciais, que são construídos e depois administrados com taxas mais altas. Possíveis diferenciais da imobiliária são dispor de parceiros para obras e reparos, além de advogados ou contadores especialistas para montar a estruturação jurídica de projetos maiores. No caso de investidores de menor porte, ter suporte jurídico e contábil para a estruturação de holdings também pode ser um diferencial.

Imóvel de fiadores

Apesar de o fiador ser cada vez menos presente nos novos contratos de aluguel, identificamos algumas imobiliárias que sabem explorar o relacionamento com essas pessoas para a captação de imóveis.

Fiadores normalmente são pessoas com renda alta e patrimônio relevante. Muitos, inclusive, precisam ter imóveis quitados nas cidades onde a imobiliária opera. Logo, fiadores podem ser potenciais clientes das imobiliárias que souberem trabalhar esses leads.

Concorrentes

Quando o assunto é captação, não podemos deixar de falar sobre o básico, ainda que controverso: a abordagem a imóveis anunciados pelos concorrentes. O mercado imobiliário hoje dispõe de uma série de ferramentas que estão auxiliando os captadores a mapear os imóveis anunciados na região de atuação. São softwares que varrem os marketplaces em busca de ofertas e as organizam por bairro ou rua, incluindo possíveis dados pessoais do proprietário. Quando o endereço divulgado é completo, a assertividade dos dados como nome e telefone do proprietário costuma ser razoável, mas não é infalível. Muitas vezes, você acaba falando com um inquilino. Isso porque essas plataformas consomem dados como conta de energia, de água ou de gás que foram associadas àquele endereço.

Os softwares agregadores de imóveis também ajudam na avaliação, por favorecerem a comparação. Quando o endereço é divulgado incompleto, sem número ou nome da rua, aí entra a experiência do captador de conhecer o território e descobrir o endereço completo em ferramentas como o Google Street View. Outro tipo de software bastante utilizado pelos times de captação são os agregadores de dados utilizados para consulta de crédito. Lá, você coloca o endereço, e o software traz os dados de pessoas associadas àquele local. Essas tecnologias reforçam a atuação do captador cada vez mais como um profissional *inside sales*.

Funil de captação

O funil de vendas é um processo comercial que se popularizou dentro das imobiliárias, especialmente nas operações de vendas. O funil dá mais clareza à etapa da jornada em que os clientes se encontram, e assim o trabalho dos profissionais de vendas fica mais organizado, mais produtivo. O desafio no aluguel é levar esse processo para os departamentos de captação, para que também os gestores possam acompanhar com mais clareza como o esforço dos captadores está sendo convertido em negócios. Com um funil de captação, os captadores passam a usar o *Customer Relationship Management* (CRM), possibilitando que seu trabalho seja analisado com uso de indicadores que não apenas a captação em si.

Conclusão

A captação é hoje a principal dor operacional das imobiliárias. E a solução para ela, complexa. Não há saídas fáceis para o problema. O primeiro passo é priorizar o esforço dos captadores, livrando-os de outras atribuições que desviam o foco e comprometem a produtividade. Olhar para o trabalho dos captadores como uma ação de vendas também ajuda, com metas, valorização, processo de escuta, contorno de objeções, criação de argumentos, acompanhamento de indicadores e uso de CRM. Isso é o básico. E há ainda o trabalho com investidores e os indicadores de imóveis, como os corretores com foco em vendas, zeladores e porteiros. Ações para você colocar em prática não faltam.

CAPÍTULO 7

Jornada comercial com processos orientados ao crescimento

O aluguel pede processos comerciais bem estruturados para que os resultados apareçam de maneira consistente. Diferentemente das vendas, nas quais a figura do corretor de imóveis é entendida como essencial para gerar negócios, na locação o elemento-chave é o processo. Não que em vendas os processos não importem, mas sabemos como é comum um corretor despreparado fazer um grande negócio porque simplesmente teve sorte ou conhecia a pessoa certa. Na locação, a sorte não existe. Se os resultados produzidos são expressivos, nessa imobiliária os processos estão muito bem estruturados.

Partindo-se desse princípio, é importante pontuar que não existe modelo acabado e perfeito de processo comercial para uma imobiliária de locação. O melhor arranjo para cada empresa vai depender do seu estágio de maturidade, do tamanho da equipe, da dimensão da cidade, do mercado em que a imobiliária atua. Nós vamos discutir aqui as melhores alternativas para explorar cada contexto, buscando sempre o menor Custo de Aquisição de Clientes, o CAC, pela otimização de esforços e principalmente de recursos. Qualquer passo a ser dado em termos de mudanças em processos precisa ter o CAC acompanhado de perto. Garantimos que é possível aumentar a produtividade comercial da imobiliária com alguns ajustes que farão grande diferença no seu dia a dia.

O ponto de partida para estas mudanças é o entendimento de que, na locação, não há exatamente um esforço de persuasão, um trabalho de vendas clássico. Na locação, a palavra de ordem é velocidade, diante de concorrentes que muitas vezes estão trabalhando o mesmo imóvel. O nosso principal desafio é remover as arestas que impedem o cliente de encontrar e alugar o imóvel que faz mais sentido para ele. Na locação, o cliente chega resolvido, sabe melhor o que ele precisa e não tem tempo a perder. Um dos erros mais comuns que vemos em imobiliárias trabalhando com aluguel é justamente um único profissional percorrer a jornada de fechamento sozinho, atuando desde a captação do imóvel até o primeiro atendimento dos potenciais locatários, demonstração de imóveis, coleta de documentos, geração de contrato, cobrança de inadimplentes no primeiro mês, atendimento de chamados. Não tem como ser ágil acumulando tantas funções.

Portanto, o primeiro ponto que vamos detalhar aqui é o escopo de trabalho desejável para os atendentes de locação que vão produzir os contratos de administração na imobiliária. É preciso que eles façam a sua parte com precisão, e que outras pessoas entrem no circuito assumindo as responsabilidades que lhes cabem, com todos atentos aos momentos de passagem do bastão.

Detalhamento de etapas

A jornada comercial de locação é feita de etapas que, em tese, começam lá na captação e terminam com a entrega das chaves. Nesse intervalo você tem o pré-atendimento de clientes que fazem contato em busca de informações, o agendamento de visitas, a visita em si ao imóvel, a negociação, a coleta de documentos, a análise e aprovação do cadastro, a vistoria de entrada, a assinatura do contrato e a entrega das chaves. São muitas atribuições para uma pessoa só. Por isso, é preciso isolar alguns pontos que devem ser removidos das atribuições do corretor ou atendente de locação. O primeiro deles é a captação, que pede dedicação absoluta, em função da escassez de imóveis. Da mesma forma, o pré-atendimento e o agendamento de visitas também podem ser executados por uma pessoa dedicada, dado o número elevado de contatos que chegam pelo digital e que normalmente ficam sem resposta.

O trabalho do atendente ou corretor de locação, na nossa leitura, começa efetivamente com o acompanhamento de visitas. A visitação ao imóvel pode ser feita com ou sem a presença de um representante da imobiliária, a depender da sua estratégia. Além de uma decisão da imobiliária, a visita acompanhada também pode ser uma exigência do locador, no caso de imóveis mobiliados. Comercialmente falando, sabemos que visitas acompanhadas produzem taxas de conversão muito superiores às visitas desacompanhadas, e os motivos são muitos. Nas visitas desacompanhadas, por exemplo, é comum porteiros e zeladores tentarem atravessar o negócio, ofertando o contato de locadores de imóveis vizinhos que aceitam fazer a locação direta. As visitas desacompanhadas também convertem menos, porque o locatário deixa o imóvel muitas vezes sem assimilá-lo por completo, não visitando todas as áreas comuns ou não observando todos os seus diferenciais.

Acompanhar todas as visitas, portanto, é o ideal. No entanto, isso pode ser humanamente impossível, seja pelo grande volume de busca por imóveis de locação, seja pela dificuldade de deslocamento em grandes cidades. Aí, para dar conta da demanda, é preciso ter estratégia. Um caminho aconselhável é adotar as visitas presenciais para determinados tipos de imóveis, como imóveis comerciais, imóveis mobiliados e imóveis com ticket mais alto. Assim, o esforço do atendente é dirigido a produtos de maior valor agregado que contribuem de forma mais relevante para o VGL do mês. Outra possibilidade é a terceirização do acompanhamento de visitas, pagando por visita realizada.

A tomada de decisão sobre qual estratégia de visitas adotar deve levar em consideração o volume de visitas que estão sendo realizadas mensalmente. Se o atendente está sobrecarregado e não está conseguindo provocar ou acompanhar o fechamento dos clientes que visitaram recentemente, abandonando-os na jornada, é preciso fazer uma mudança, seja trazendo um novo atendente, seja reduzindo o número de saídas da imobiliária com visitas desacompanhadas ou terceirização. O importante é ter a mentalidade de testes e analisar os resultados, olhando não apenas para o crescimento do número de contratos assinados no mês, mas também para o Custo de Aquisição de Clientes, que precisa ser sempre controlado atentamente. Em cidades de pequeno e médio porte, é normal a cultura do mercado ser de visitas desacompanhadas.

Nesses casos, é oportuno fazer testes e introduzir as visitas acompanhadas em uma tentativa de melhorar a conversão de negócios. É fundamental ter mente aberta e não aceitar uma situação existente como fato consumado. Você pode se surpreender com os resultados. Se a imobiliária decidir pela terceirização, deve ter cuidado com o alinhamento de informações no pós-visita. O fechador de negócios que fica dentro da imobiliária precisa ter muita clareza sobre a temperatura do negócio, para agir incisivamente sobre os clientes. Se o cliente tem perfil e não gostou do imóvel demonstrado, temos que buscar alternativas dentro da carteira. Se não temos um imóvel dentro das características que o cliente busca, o agente comercial tem que acionar a captação, pois o locatário está na mão. Aí, entramos em outra etapa inerente ao trabalho do atendente ou corretor de locação: o fechamento.

No trabalho de fechamento do negócio, o papel do profissional atendente ou corretor é praticamente insubstituível, este é o coração do papel dele. Essa inteligência de buscar imóveis semelhantes, de alinhar com a captação, de buscar alternativas, é algo que só o agente comercial é capaz de fazer. Há empresas, inclusive, que contam com um assistente administrativo que ajuda na coleta de documentos, de novo, com objetivo em escalonar resultados do agente comercial, dando foco na negociação, que pode envolver energia de persuasão junto ao locador para flexibilizações como descontos. Observe que, em tese, o cliente até poderia fechar negócio sozinho, é o que acontece nas plataformas em que o locatário e o locador trocam mensagens e combinam o acordo comercial, mas o número de clientes que valorizam a intermediação humana é grande o suficiente para continuar mantendo as imobiliárias no jogo com protagonismo de mercado. Portanto, trabalhe para que o seu comercial exerça esse papel com maestria, deixando tarefas administrativas como aprovação de cadastro, vistorias e entrega de chaves com pessoas de perfil administrativo.

Quando o comercial coloca a mão em tarefas assim, a produtividade é comprometida. A tarefa mais tóxica é a entrega de chaves, pois isso alimenta um vínculo com o locatário, que continua acionando o atendente ou corretor mesmo depois da ocupação do imóvel, quando ocorrem situações normais de manutenção ou financeiras que drenam a sua atenção com mensagens de WhatsApp, ligações etc. O foco tem que estar em novos negócios, não em dúvidas e emergências administrativas. O que impede o fechamento de um novo negócio? É lá que o fechador ou agente comercial estará. Explicando e contornando a dificuldade com garantia locatícia, fazendo ou organizando a coleta de documentos, cobrando a aprovação de cadastro, agendando a vistoria, correndo com a geração do contrato com apoio da pessoa ou área responsável.

Pré-atendimento

O aquecimento do mercado de locação tem imposto um grande desafio às imobiliárias: como lidar com o grande número de clientes locatários que chegam diariamente via WhatsApp, site, portais, telefone. Diante de tamanha procura por imóveis para alugar, é fato que hoje criou-se um gargalo no comercial de locação: os atendentes e corretores estão com enormes dificuldades para dar conta e retornar a todos os interessados. A tecnologia pode nos ajudar a encarar esse desafio, com a inteligência artificial, mas ela sozinha não resolve o problema. Mais do que nunca, o comercial de locação pede processos estruturados para oferecer uma experiência digna a esses clientes, que estão cansados de ficar sem resposta. Mais do que nunca, o processo de pré-atendimento tornou-se vital para melhorar a qualidade e a velocidade da resposta a esses clientes, com potencial para alavancar diretamente a geração de contratos na sua operação.

Em primeiro lugar, vamos entender melhor o que significa pré-atendimento, um conceito muito atual e colocado em prática em diferentes mercados, muito além do imobiliário.

Chamado de pré-atendimento, ou pré-vendas, ou secretaria de vendas – o nome que você vai adotar pouco importa, mas tenha cuidado porque a natureza dessa função é qualificar clientes, não vender, embora alguns desses nomes possam sugerir a vinculação com venda –, essa atividade tem origem na sigla SDR, do inglês *Sales Development Representative*. E a função de um SDR, o profissional do pré-atendimento, dentro do time comercial, é focar no primeiro diagnóstico de leads, filtrando e passando apenas as oportunidades mais qualificadas para os vendedores trabalharem e fecharem o negócio.

Antes de avançarmos, porém, atenção. Há uma enorme diferença entre a teoria de pré-atendimento em outros segmentos e a realidade do mercado imobiliário. O que pretendemos fazer aqui é justamente discutir as particularidades desse processo de atendimento para imobiliárias que atuam com aluguel.

Quando falamos de SDR ou pré-atendimento para a locação, precisamos ter claro que as principais tarefas desse profissional são receber os leads; dar um primeiro atendimento com agilidade; colher informações sobre o potencial cliente; e, se ele for um contato qualificado, agendar visita ou encaminhar para atendimento de um corretor ou atendente de locação, que avançará na negociação até o fechamento. Assim, podemos dizer que o esforço do pré-atendimento em locação é mais no sentido de filtro, de selecionar o que realmente vale a pena em termos de contatos, preservando o tempo dos atendentes, que precisam focar nos clientes que estão visitando, com interesse real em fechar.

Com o SDR auxiliando o trabalho da equipe comercial, os atendentes de locação recebem clientes já qualificados, maduros, e conseguem dedicar mais tempo à negociação e ao fechamento com oportunidades que estão quentes. Isso resulta em mais contratos assinados por atendente, reduzindo o CAC. Atualmente, a inteligência artificial tem conseguido ocupar boa parte dessas tarefas de qualificação de leads, mas muitas imobiliárias têm adotado essas soluções de forma híbrida, com pré-atendentes humanos que atendem em horário comercial, enquanto a IA responde pela conversa com os clientes fora do expediente.

Cultura de vendas

No aluguel, é comum encontrar imobiliárias que sofrem para crescer porque não têm uma cultura de vendas definida na jornada comercial. Este não é o caso da Pedro Granado Imóveis, de Maringá (PR), uma imobiliária de rápido crescimento movida por uma esteira de fechamento fluida. No início, a empresa operava como qualquer outra: foco na administração e uma carteira de locação que crescia de forma inconsistente. A captação era limitada, a conversão era baixa e o volume de novos contratos oscilava mês a mês. Durante anos, o crescimento ficou travado porque a estrutura comercial não era prioridade.

A virada de chave veio quando a empresa reconstruiu sua estratégia de locação com foco total na comercialização. O primeiro passo foi separar as funções dentro do time, garantindo que cada profissional atuasse naquilo que realmente fazia diferença. O pré-atendimento passou a qualificar leads antes de agendar visitas, os captadores focaram exclusivamente na aquisição de imóveis, o atendimento foi otimizado para reduzir desperdícios e os negociadores receberam treinamento especializado para fechar contratos com agilidade. O efeito foi imediato: a conversão aumentou, os ciclos de locação se tornaram mais rápidos e a empresa saiu de uma operação burocrática para um modelo altamente escalável.

Esse modelo comercial permitiu que a Pedro Granado se tornasse a maior carteira de locação do interior do Paraná. Hoje, a empresa opera com uma cultura agressiva de captação e locação, cuja prioridade é garantir que nenhuma oportunidade se perca. A imobiliária não depende mais de um ou dois corretores de alta performance – ela construiu uma máquina de locação na qual o processo se sobrepõe ao talento individual. A velocidade no atendimento, o uso estratégico da tecnologia e a gestão comercial bem alinhada garantem que os imóveis sejam alugados no menor tempo possível, mantendo a carteira sempre ativa e crescente.

Para manter esse ritmo, a empresa entendeu que não basta ter processos bem definidos. É preciso que as pessoas dentro desse sistema estejam altamente engajadas e motivadas a entregar o máximo. E não existe maior motor de motivação em um time comercial do que a forma como ele é remunerado.

No modelo tradicional, a locação sempre foi vista como um setor de remuneração baixa e oportunidades limitadas. Enquanto os corretores de venda fecham uma única transação e recebem uma comissão expressiva, os profissionais de locação lidam com um volume muito maior de negociações, mas com retorno financeiro significativamente menor. Essa realidade sempre foi um dos principais entraves para a construção de equipes realmente comprometidas em escalar a carteira de imóveis administrados.

A Pedro Granado quebrou esse paradigma ao criar um modelo de remuneração agressivo, em que cada profissional tem total clareza sobre como seu esforço impacta seus ganhos. "Não dá para esperar que o time tenha alta performance se ele não enxergar uma relação direta entre esforço e recompensa", observa Téo Granado, CEO da imobiliária. O primeiro passo foi abandonar a lógica de comissionamento tímido, com ganhos limitados a pequenas porcentagens fixas, e adotar um sistema escalável que premia não apenas os contratos fechados, mas também a performance em todas as etapas da jornada comercial. "Queremos que cada profissional entenda que seu trabalho gera impacto e que esse impacto será reconhecido de forma justa." Os resultados foram imediatos: engajamento maior, retenção de talentos e um time que não apenas executa suas funções, mas busca ativamente superar metas.

Além da estrutura de comissionamento, a empresa transformou campanhas e premiações em um elemento-chave da sua cultura comercial. Metas claras, desafios semanais e bonificações por desempenho criaram um ambiente competitivo saudável, no qual cada profissional sente que tem controle sobre seu próprio sucesso financeiro. Esse modelo não apenas impulsionou o volume de contratos assinados, mas também elevou o padrão de atendimento ao cliente. Profissionais bem remunerados trabalham com mais energia, mais precisão e mais comprometimento. O reflexo disso é um processo comercial muito mais eficiente, no qual cada lead é tratado como uma oportunidade valiosa e cada imóvel captado recebe a atenção necessária para ser alugado no menor tempo possível.

O desafio seguinte da Pedro Granado foi otimizar as visitas e maximizar a conversão de leads em contratos. Muitos gestores ainda veem a visita como um simples momento de apresentação do imóvel, sem perceber que ela é um ponto decisivo na jornada do cliente. Quando mal conduzida, uma visita pode desperdiçar tempo da equipe e fazer com que um interessado abandone a negociação. Quando estruturada de forma estratégica, torna-se o gatilho final para o fechamento. A Pedro Granado percebeu que visitas improdutivas eram um dos principais gargalos na conversão e atacou o problema de frente. O primeiro passo foi qualificar melhor os leads antes de agendar qualquer deslocamento. Pré-análises de CPF passaram a ser utilizadas para identificar interessados com alto potencial de fechamento, garantindo que o tempo da equipe fosse direcionado para clientes realmente prontos para assinar o contrato. O segundo passo foi reestruturar a própria condução da visita, priorizando imóveis de alto impacto e garantindo que os atendentes fossem preparados para transformar objeções em decisões.

Outro ponto crítico foi entender que a visita não pode ser tratada como um evento isolado. O cliente precisa sair dela com um próximo passo claro. O modelo tradicional, em que um interessado vê o imóvel, diz que vai pensar e depois desaparece, foi substituído por um processo ativo, com a equipe comercial conduzindo a negociação de forma imediata, já orientando sobre garantias locatícias e documentações necessárias para acelerar o fechamento. Essa abordagem reduziu drasticamente o volume de visitas desperdiçadas e aumentou a taxa de conversão da imobiliária.

Arestas

Removendo processos que desviam o foco dos atendentes, precisamos olhar para situações inerentes ao dia a dia que podem gerar mais ou menos negócios. Vamos nos ater a algumas arestas com oportunidades de ganho mais imediato. O primeiro ponto é uma ideia simples: tentar colher o CPF do pretenso inquilino antes da visita para fazer uma pré-aprovação do cadastro dele. Com o CPF em mãos, você consegue consultar o perfil do cliente junto a seguradoras e garantidoras. Saber que o cliente está pré-aprovado faz toda a diferença durante o atendimento. Se estamos diante de um cliente aprovado, o atendente precisa colar nele, fazendo o impossível para avançar ao fechamento, sem limitar o número de visitas e correndo em busca de outros imóveis, se não tivermos o imóvel desejado em pauta.

Outro ponto de atenção deve ser a vistoria, que costuma ser um gargalo da imobiliária. A imobiliária precisa ter alternativas com terceiros a serem acionados em momentos de maior procura durante o ano, como janeiro e fevereiro. O tempo de entrega das chaves é um indicador que deve ser observado com atenção dentro da empresa. Quanto mais longa é a espera, mais chances de as reservas caírem e contratos ficarem sem assinatura. É um ponto de passagem de bastão em que não podemos falhar. Vemos diversas imobiliárias já conseguindo entregar chaves em menos de 24 horas depois da reserva feita. Além da aprovação de crédito com rapidez, isso é possível desde que alguns processos estejam bem alinhados. E talvez o principal deles seja a vistoria. Um atalho possível é realizar a vistoria de entrada assim que a reserva for confirmada, pois costuma ser pequeno o número de reservas que caem.

Gestão

A gestão comercial da imobiliária deve ser encarada como uma posição estratégica. Em muitas empresas, é uma tarefa que acaba acumulada pelo dono. Se esse for o seu caso, atenção para que algumas rotinas não se percam, pois elas são fundamentais para que os resultados almejados sejam atingidos. No aluguel, diante de tantos pretensos locatários interessados em fazer negócio, é natural que haja uma acomodação da equipe, um comportamento de cultura da abundância. Sempre haverá um novo cliente fazendo contato, e essa acomodação é tóxica para quem almeja crescer em locação. Em imobiliárias sem disciplina na gestão comercial, é enorme o número de descartes prematuros, o que significa desperdício de potenciais clientes que acabam fechando a locação com outras imobiliárias. É o dinheiro do marketing da imobiliária que está se perdendo, por absoluta falta de gestão comercial.

Portanto, a primeira dica é estabelecer uma rotina diária de conversas rápidas e individuais com cada integrante da equipe comercial de locação. O gestor de locação também precisa reunir o time semanalmente, sem falta, para que a captação apresente os imóveis novos que estão entrando na carteira. Se os atendentes ou corretores também respondem pela captação, não tem problema. Essa é uma ocasião valiosa para que todos tenham um conhecimento mínimo sobre as ofertas que estão entrando na casa. E, quanto mais rica for a apresentação, melhor. É importante que todos saibam, por exemplo, se o proprietário está disposto a aceitar propostas mais agressivas. Se determinado imóvel está tendo muitas visitas sem chegar ao fechamento, elevando o CAC da operação. Aproveite esse encontro semanal para discutir formas de gerar mais negócios e provoque a sua equipe a criar novas estratégias. Se há problemas a resolver, discutam nessa ocasião, para que as queixas e críticas sejam tratadas entre quatro paredes. Depois, é suar a camisa e correr atrás dos fechamentos.

Uma variável importante a ser considerada nesse ponto de disciplina é o regime de contratação dos atendentes. A grande maioria das imobiliárias trabalha com colaboradores contratados em regime CLT, com carteira assinada. A gestão desses profissionais acaba sendo mais fácil, em razão do vínculo empregatício estabelecido, que permite maior controle sobre a carga horária de trabalho, por exemplo. Afinal, há um expediente a ser cumprido. Mas isso não quer dizer que os corretores que trabalham apenas por comissionamento devem ter vida mansa, sem cobranças. É fundamental que a gestão comercial aperte o cerco e, embora não possa cobrar horários, exija, sim, o alinhamento aos processos e rotinas da imobiliária. Afinal, esse é o único caminho para que esses profissionais ganhem dinheiro, pois não recebem nenhum rendimento fixo.

Por fim, considere sempre realizar treinamentos periódicos, para desenvolver o seu time em situações que costumam resultar em perda de negócios. Um dos principais pontos de desconhecimento são as garantias locatícias. Faça exercícios simulados de atendimento e busque formas de elevar a performance da imobiliária envolvendo o seu time na solução.

Produtividade

Quando falamos da produtividade comercial dos atendentes de locação, é importante fazer uma ressalva. Os números de contratos mensais por atendente dependem do tamanho da sua pauta de imóveis em divulgação. Por mais incríveis que sejam os seus imóveis, dificilmente você alugará mais de 50% da carteira em um mês. Se a carteira tem 30 imóveis disponíveis, não adianta esperar que o atendente alugue 20 imóveis no mês. Aí o problema maior é a captação, embora o seu atendente deva ser continuamente desenvolvido. Além da carteira, outro obstáculo à maior produtividade dos atendentes, como vimos anteriormente, são atribuições estranhas à atividade comercial, como vistorias, redação de contratos e atendimento de chamados de reparos ou financeiro depois de assinado o contrato.

No modelo clássico de trabalho, com atendentes acompanhando visitas indiscriminadamente, é difícil passar das 20 locações mensais. Apenas profissionais diferenciados conseguirão produzir acima desse patamar. Se o resultado for inferior a dez contratos mensais, tendo uma grande quantidade de imóveis para trabalhar, a partir de 100 imóveis em pauta, há indícios de má gestão ou perfil inadequado para a vaga. É preciso entender o que está limitando a produção e agir para mudar os resultados, do contrário o CAC ficará alto demais. Mas lembre-se sempre de que uma variável importante a ser considerada é o número de contatos que estão chegando à imobiliária, o que depende também do tamanho da carteira. Se a imobiliária é pequena, a tendência é que haja poucos contatos, e isso aumenta a relevância dos atendentes.

Nas imobiliárias menores, os atendentes precisam fechar mais negócios com um número menor de interessados. O segredo, nesses casos, é colar no cliente e encontrar o imóvel que ele procura, ainda que o imóvel não esteja na carteira da imobiliária. Assim, o atendente torna-se também um captador ativo ágil, capaz de encontrar respostas para o cliente, sem deixá-lo na mão.

Olhar atentamente e monitorar as taxas de conversão de cada etapa do funil de vendas é mais uma responsabilidade do gestor comercial, que irá colher os dados de cada etapa dentro do

CRM. A recomendação é que os dados do funil sejam analisados com periodicidade mensal, no mínimo, para efeito de comparação, considerando-se um balanço da equipe toda. O gestor comercial deve avaliar também os dados de cada atendente separadamente, para que sejam observadas as taxas de conversão de cada pessoa da equipe. É possível que haja, por exemplo, profissionais que fazem muitas visitas e conseguem converter em propostas um número abaixo da média.

Se a sua imobiliária não alimentar o CRM, procure mudar essa cultura. O controle desses indicadores é vital para que a imobiliária cresça com o aluguel.

Metas

Tem futuro no aluguel quem é ágil, e o papel do gestor comercial é justamente imprimir esse ritmo frenético à sua equipe, dia após dia. Já falamos aqui sobre a importância de rotinas diárias de controle da produtividade dos atendentes, e quando o assunto é meta, a recomendação é acompanhar os números com a maior frequência possível. Trabalhar sem qualquer tipo de metas em locação é um grave erro. Avalie a adoção de metas diárias ou semanais de visitas e fechamentos. Sim, o desafio é dar ritmo ao seu time. Os números desejados dependem do tamanho da sua operação, do número de imóveis anunciados ou do ticket médio, mas seja agressivo e estabeleça pequenas premiações para essas metas de curto alcance. Os números que estão sendo produzidos pela equipe devem estar sempre à vista, em uma estratégia de gestão visual que exponha os resultados em um painel ou placar de grande visibilidade. A gestão visual reconhece os feitos dos melhores produtores de negócios e coloca em uma situação desafiadora quem está produzindo poucos contratos.

Tenha também metas mensais, para reconhecer e premiar a consistência ao longo do mês. Na hora de estabelecer a meta de fechamentos, considere trabalhar com o VGL, que soma o valor de todos os contratos assinados no período e não o número de contratos em si. Por que isso? Em um cenário de escassez de produtos, o seu time passa a priorizar produtos de ticket maior, com melhor rentabilidade para a empresa. Você pode até produzir menos contratos do que anteriormente, mas a empresa cresce em termos de faturamento com menos energia despendida na gestão de contratos.

Dependendo do perfil dos colaboradores, o gestor comercial também pode estabelecer uma competição entre os atendentes, premiar e reconhecer aqueles de melhor performance, gerando uma corrida entre eles. Gostamos desse modelo de gestão, porque o trabalho comercial pede competitividade e apetite por crescimento. Se o seu time torce o nariz para esse tipo de exercício, é um mau sinal de acomodação. Eles precisam e devem atuar em equipe, é claro, ajudando-se quando necessário, mas os melhores têm que ser reconhecidos e brilhar, nem que seja recebendo um simples troféu. Um erro muito comum de gestão comercial que vemos em imobiliárias é dividir a comissão sobre os fechamentos igualmente entre todos os atendentes. Assim, você premia os profissionais de pior performance e inibe as águias do seu time, que ficam desestimuladas.

Conclusão

Certamente, há muito a ser feito dentro da sua imobiliária quando o assunto é a jornada comercial. Todos os movimentos, lembre-se, devem ser feitos tendo em vista o CAC, para que a operação não se torne excessivamente cara. Agora, se o investimento reverter-se em mais fechamentos de contratos, perfeito, você está no caminho certo. Lembre-se de que, na esteira comercial, é fundamental que a imobiliária tenha uma cultura de vendas forte, com clareza de papéis e foco dos agentes comerciais em fechar novos negócios.

CAPÍTULO 8

Como construir um portfólio eficiente de garantias locatícias

A escolha do portfólio de garantias locatícias é uma decisão importante na construção de um modelo de negócios sustentável para imobiliárias. No mercado de locação, uma estratégia equivocada pode significar a perda do seu ativo mais valioso: a confiança dos locadores. Com a implementação de um mix consistente de garantias locatícias, o imobiliarista pode estabelecer um diferencial competitivo determinante para o sucesso da sua operação, uma escolha que deve ser feita com maturidade, visão e consciência dos riscos envolvidos, pois o impacto de uma decisão errada é significativo e de longo alcance.

A Lei do Inquilinato estabelece as garantias que podem ser utilizadas nos contratos de aluguel. São elas: (1) a fiança; (2) a caução; (3) o seguro fiança e (4) a cessão fiduciária de cotas de fundo de investimento.

Nos últimos anos, o mercado observou inovações importantes que ampliaram o leque de opções para imobiliárias dentro dos limites impostos pela lei. Novas seguradoras entraram no mercado de seguro fiança, garantidoras surgiram explorando a tese da fiança onerosa e, mais recentemente, a CredAluga lançou o primeiro Fundo de Cessão Fiduciária de Cotas de Investimento, um fundo de investimento de renda fixa no qual o locatário adquire cotas que servem como garantia para o aluguel e geram retorno financeiro para o inquilino durante todo o contrato.

Segundo a Superlógica Imobi, um dos maiores ERPs de gestão de aluguel do Brasil, o fiador e a caução ainda representaram mais de 50% dos novos contratos de locação das imobiliárias em 2024. No entanto, o antes hegemônico fiador vem perdendo espaço ano a ano para as garantias pagas, que devem assumir a liderança em questão de um ou dois anos, se a tendência dos últimos anos for mantida.

Figura 1 Evolução da contratação de novas garantias

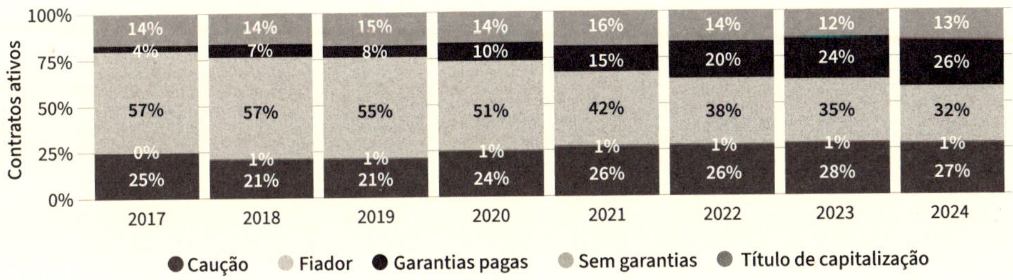

Fonte: Adaptada de Superlógica Imobi.

O declínio do fiador

No início do milênio, praticamente todas as locações realizadas pelas imobiliárias exigiam dois fiadores com renda e imóvel quitado na cidade. A burocracia de se apresentar um fiador pouco mudou ao longo dos anos e a exigência documental permanece praticamente a mesma, resultando em constrangimentos para inquilinos e mais trabalho para a imobiliária.

Porém, o grande ponto de reflexão quanto ao fiador é a segurança real oferecida por esta modalidade. Afinal, ainda que o inquilino apresente o registro atualizado do imóvel pertencente ao fiador, esse imóvel pode ser vendido ou transferido após a assinatura do contrato. Além disso, o fiador pode morrer, divorciar-se ou se exonerar do contrato a qualquer momento, abrindo um vácuo perigoso.

E há também o risco de o inquilino apresentar um fiador cujo patrimônio é insuficiente para cobrir todos os imóveis em que ele é garantidor da locação. Assim, a opção pelo fiador pode representar uma bomba-relógio guardada dentro da imobiliária, especialmente nos casos em que ela é garantidora do aluguel e tem de pontualizar o pagamento ao proprietário. Desconhecemos uma imobiliária que faça um controle rigoroso do status atual do patrimônio ou renda dos fiadores, ou até mesmo que verifique se os fiadores estão vivos.

Outro ponto importante a se destacar é que a jornada de cobrança do fiador pode ser muito longa. Muitas vezes, quando notificado da dívida, o fiador pode se recusar a pagar e dizer "pode vir com ação, porque eu não reconheço a dívida". Isso dificulta o objetivo, que é o pagamento, e atrasa a resolução do problema. Mesmo que, no fim, o fiador acabe pagando, a jornada até lá é extensa e desgastante. Um exemplo do desgaste causado é quando o locador toma conhecimento de que o imóvel está em situação de inadimplência e fica inseguro com a imobiliária.

Em cidades menores, um agravante do fiador é o processo de cobrança em uma situação de inadimplência, que pode gerar rejeição dele em relação à imobiliária, comprometendo futuros negócios potenciais.

Caução

Ainda comum em algumas partes do Brasil, a caução em dinheiro é limitada por lei a três aluguéis. Essa limitação de valor torna a caução em dinheiro uma garantia pouco adotada pelas imobiliárias mais profissionalizadas, pois é um valor insuficiente para cobrir minimamente a inadimplência e danos ao imóvel. Então, recomendamos às imobiliárias que buscam se organizar que restrinjam a oferta dessa modalidade de garantia na sua operação, buscando preservar o seu relacionamento com o locador.

Outras possibilidades de caução mais consistentes são a caução de bens imóveis, mais rara, e o título de capitalização, um produto distribuído por seguradoras e que tem uma certa adesão nas imobiliárias, mas que costuma sofrer rejeição dos locatários tendo em vista o deságio cobrado pelas seguradoras no saque precoce e a baixa remuneração do produto que é atrelado à Taxa Referencial (TR), de baixíssimo rendimento, próximo a zero.

Cessão Fiduciária de Cotas de Fundo de Investimento

Um produto que antes causava estranheza para quem estudava a Lei do Inquilinato, a Cessão Fiduciária de Cotas de Fundo de Investimento foi inserida na Lei do Inquilinato em 2005 e tirada do papel pela CredAluga em 2024. A modalidade é uma evolução do título de capitalização, que permite ao locatário contratar uma garantia sem custo, bastando apenas depositar o número de aluguéis estipulado pela imobiliária. O dinheiro fica depositado em um fundo, fiscalizado pela Comissão de Valores Mobiliários (CVM), que oferece rendimento atrelado à renda fixa mediante investimento em títulos do Tesouro Nacional, com rendimento muito superior à TR sem que haja deságio no caso de saque precoce, como acontece com o título de capitalização.

Ao fim do contrato de locação, o locatário consegue reaver em apenas um dia útil o dinheiro depositado, desde que cumpra suas obrigações contratuais. O Fundo CredAluga pode ser contratado tanto para imóveis residenciais quanto para comerciais, inclusive podendo estar em nome de pessoas jurídicas. Em caso de inadimplência, cabe à imobiliária pedir o resgate, e o dinheiro é repassado para ela.

O Fundo CredAluga se comprovou uma alternativa muito interessante para os mais diversos tipos de imóveis pela sua flexibilidade. Imóveis mobiliados, imóveis comerciais de alto valor e imóveis alugados para escolas, hospitais e igrejas, que muitas vezes não são garantidos por seguradoras ou garantidoras, podem utilizar o Fundo CredAluga como alternativa para viabilizar a locação.

Além disso, o Fundo CredAluga tem sido a garantia preferida de locatários que possuem reservas financeiras e bom conhecimento de matemática. Afinal, é a única garantia que elimina o fiador, não gera custos, rende retorno financeiro durante toda a locação e ainda conta com a fiscalização da CVM, com total transparência e prestação de contas.

Fiança onerosa e seguro fiança

A fiança onerosa é a garantia que mais se popularizou nos últimos anos no Brasil, especialmente pela agilidade na contratação e em eventual despejo, e pelo preço mais acessível e maior comissionamento para a imobiliária quando comparada ao seguro fiança.

Seja na fiança onerosa ou no seguro fiança, a imobiliária deve ser criteriosa na seleção de seus parceiros. Entender a reputação da empresa e de seus controladores, a política de aprovação de crédito e as regras do produto, como prazo para acionamento e pagamento em caso de inadimplência, são pontos críticos para a imobiliária garantir a saúde da sua carteira de crédito no longo prazo.

Além da qualidade do parceiro, a imobiliária deve se atentar para o plano de cobertura selecionado e os valores da indenização para cobrir o não pagamento de aluguel, encargos, multa e/ou danos ao imóvel. O ideal é que o pacote selecionado pela imobiliária cubra ao menos 30 vezes o valor do aluguel e ao menos cinco vezes o valor do aluguel em caso de multa e danos ao imóvel, para que ela possa de fato oferecer uma cobertura ampla ao locador.

Quando a imobiliária escolhe um parceiro de garantia, ela precisa se certificar de que entende bem às condições gerais do produto, que incluem os itens cobertos e não cobertos, o prazo e o formato para abertura de inadimplência, entre outras. Afinal, mesmo que o parceiro seja confiável e o plano selecionado seja adequado, caso a imobiliária perca o prazo para abertura de uma inadimplência, ela poderá ter dificuldades para receber os valores do parceiro.

Rentabilidade

Hoje, um locatário pode realizar uma análise instantânea de crédito com uma garantidora ou seguradora, assinar o contrato digitalmente e realizar o pagamento por Pix ou cartão, viabilizando a locação em poucos minutos – isso sem precisar pedir favor a ninguém, uma verdadeira revolução que trouxe mais liberdade e facilidade para quem quer morar de aluguel.

Além de contribuírem com a liquidez e a velocidade da locação, as novas garantias podem também contribuir diretamente para a rentabilização da imobiliária. Como as imobiliárias são canais de distribuição de seus produtos, garantidoras e seguradoras têm cada vez mais oferecido oportunidades de remuneração a elas. Isso significa que as imobiliárias não são apenas facilitadoras da locação, mas podem receber parte dos ganhos da operação de contratação da garantia.

Esse modelo cria uma parceria estratégica que beneficia todas as partes envolvidas, ao mesmo tempo em que gera novos fluxos de receita para a imobiliária. Mais importante ainda, as garantias pagas bem escolhidas ajudam a reduzir o esforço administrativo da imobiliária em relação ao fiador tradicional e à caução, por exemplo, com impactos positivos sobre a eficiência dos setores de análise cadastral, cobrança, rescisão e jurídico.

Assim, as garantias pagas vêm se mostrando mais eficazes do que os tradicionais fiadores e caução em dinheiro porque, no longo prazo, oferecem uma certeza que atrai locadores em busca de segurança em um mercado de incertezas.

Um exemplo claro de como uma estratégia de garantias bem estruturada pode transformar o desempenho de uma imobiliária é o caso da Ivan Negócios, de Uberlândia (MG), uma das maiores carteiras de aluguel do Brasil. Fundada em 1980, a empresa compreendeu desde o início que a confiança dos seus locadores seria o principal ativo para o sucesso no longo prazo.

Vinicius Costa, filho do fundador e atual diretor da empresa, conta que a Ivan Negócios oferece a garantia do pagamento em dia dos aluguéis aos proprietários, mesmo se o inquilino atrasar, desde o seu primeiro imóvel alugado há mais de 40 anos. A prática do aluguel garantido se tornou um pilar da empresa, que oferece o benefício sem que haja cobrança adicional dos proprietários além dos 10% de taxa de administração praticados pelo mercado.

Outro case de empresa referência que utiliza o aluguel garantido como um pilar da estratégia de crescimento é a Franciosi, de Itapetininga, que também garante todos os contratos sem cobrar um percentual adicional por isso. Vale notar que, apesar de a Ivan Negócios e a Franciosi não cobrarem taxa adicional para garantir o pagamento em dia, algumas imobiliárias pelo Brasil chegam a cobrar até 15% de taxa de administração no aluguel garantido.

Seja qual for a taxa de administração praticada, tomar a decisão de garantir o pagamento de aluguel em dia para o locador exige gestões financeira e de riscos avançadas, permitindo que a empresa supere os ciclos econômicos adversos. Vinicius lembra que um momento desafiador da história da Ivan Negócios se deu no período do plano Collor, uma das crises econômicas mais severas do país, quando houve o confisco das poupanças e uma forte instabilidade financeira assolou o país.

Fabio Franciosi, diretor da imobiliária, relembra as dificuldades da época da pandemia, quando a Franciosi manteve a garantia dos pagamentos em dia mesmo diante de todas as incertezas sobre os impactos que a Covid e o lockdown teriam na economia e na taxa de inadimplência da sua carteira.

Vinicius e Fabio reconhecem que esses momentos de incerteza, após superados, solidificaram e fortaleceram a reputação das suas empresas nas regiões onde atuam como empresas comprometidas com a segurança e a estabilidade de seus proprietários.

Por ser uma empresa que garante os aluguéis em dia, a Ivan Negócios compreende bem a gestão de risco financeiro. A empresa tem uma curadoria rígida dos parceiros de garantia (garantidoras e seguradoras) com os quais trabalha, além de não abrir mão de realizar internamente e de forma independente uma análise de crédito completa dos inquilinos que estão na jornada de contratação do imóvel.

Essa prática garante que a saúde financeira da carteira seja preservada e que as garantias ofereçam segurança real para proprietários, inquilinos e para a própria Ivan Negócios, que participa do risco garantindo o pagamento do aluguel sempre em dia, ainda que ela seja reembolsada pelos parceiros posteriormente.

Com o avanço das soluções de garantias pagas, muitas imobiliárias deixaram de realizar o seu processo de análise da ficha dos locatários, terceirizando-o para as garantidoras e seguradoras. O risco desse movimento é que a imobiliária perde o controle da qualidade da sua carteira e transfere-o para o parceiro, que pode não ter o mesmo critério de qualidade e exigência para aprovação dos locatários. Nesse cenário, a qualidade da carteira de locação é comprometida sem o conhecimento da imobiliária, que irá descobrir a dimensão do problema somente quando a inadimplência aumentar ou diante de desocupações traumáticas.

Outro cuidado a ser tomado pelas imobiliárias é com relação às campanhas de incentivo e premiações oferecidas pelas garantidoras e seguradoras. É comum que essas ações de cunho comercial beneficiem atendentes e corretores de locação com ganhos extraordinários que podem enviesar a contratação da garantia em prol de um parceiro que não seja estratégico para a imobiliária.

Portanto, toda e qualquer campanha dessa natureza deve ser sempre aprovada pela direção da imobiliária antes de ser apresentada aos colaboradores, que podem ser remunerados pelos parceiros, mas sempre atuando em linha com os interesses da empresa. Dessa forma, a imobiliária impede que a carteira ganhe uma composição de garantias indesejada.

O papel dos colaboradores

Os colaboradores são, de fato, fundamentais para a construção e a amplificação de uma estratégia consistente de garantias. Desde captadores até o financeiro, todos devem receber treinamento continuado sobre as coberturas das modalidades praticadas na imobiliária, tendo em vista que os locadores estão se tornando mais conhecedores, em especial, dos contratos das garantias pagas, o que exige cada vez mais entendimento de suas nuances pela gestão da imobiliária. Um captador que não entenda profundamente de garantias, no atual mercado de locação, será um profissional de baixa performance.

Com a crescente concorrência no mercado de garantidoras e seguradoras, as coberturas estão se diversificando e exigindo atenção das imobiliárias na hora de compará-las.

Para que o esforço de formação dos colaboradores seja factível, algumas imobiliárias procuram limitar as modalidades de garantias disponíveis, buscando simplificar processos, visto que cada empresa parceira de garantias pagas tem regras específicas a serem cumpridas – e o descumprimento de algumas delas pode implicar a invalidação da garantia.

Uma referência de empresa que limitou as alternativas de garantias é a Prolar, de Belo Horizonte, que passou a trabalhar somente com duas soluções de garantias pagas, deixando de oferecer a possibilidade do fiador, cujos resultados de inadimplência e cobrança eram negativos para a empresa, como explica o CEO da Prolar, Vinicius Araujo (em entrevista com os coautores):

> O fiador foi uma garantia muito frágil durante a pandemia. Além disso, começamos a observar que perdíamos muitos contratos em estágio de coleta de documentação porque a concorrência nos atravessava usando garantias pagas, cuja contratação era mais ágil. Então, decidimos mudar nossa estratégia buscando saúde da carteira e liquidez para os imóveis.

Cobrança

Vale notar que, independentemente da garantia selecionada pela imobiliária, você jamais deve baixar a guarda da cobrança ativa. É comum observar funcionários de imobiliárias que não realizam a cobrança dos inadimplentes quando a garantia é seguro fiança ou fiança onerosa. Para evitarem o desgaste com o inquilino, eles abrem uma inadimplência com o parceiro de garantia e dão a cobrança por encerrada.

Isso não só aumenta as chances de o inquilino entrar em uma bola de neve de endividamento que ele não consegue resolver, como também prejudica a reputação da imobiliária junto à seguradora ou garantidora, com impacto sobre eventuais campanhas de incentivo e nas taxas de aprovação de novos locatários.

Fundo de Conservação do Imóvel (FCI)

A construção de uma estratégia de garantias consistente vai além da escolha das empresas garantidoras e seguradoras. Um recurso adicional a ser considerado é o Fundo de Conservação do Imóvel, ou FCI, que tem a finalidade de criar uma espécie de poupança destinada exclusivamente para cobrir reparos ao final da locação. O FCI é uma prática contratual amplamente adotada pelas imobiliárias do Paraná e, apesar de não estar na Lei do Inquilinato, conta com muitas decisões judiciais favoráveis, desde que implementado da forma correta.

As imobiliárias que adotam o FCI como prática nos seus contratos de aluguel realizam a cobrança mensal de um percentual do valor do aluguel (usualmente, 3%) juntamente com o boleto de aluguel e reservam esses recursos corrigindo-o por algum índice de reajuste (usualmente, a poupança).

Esse valor, acumulado ao longo do tempo, pode ser usado para cobrir os custos de reparos do imóvel de responsabilidade do locatário no momento da desocupação. Essa estratégia oferece uma gama de benefícios tanto para a imobiliária quanto para o locador. Para a imobiliária, o FCI é uma ferramenta eficaz para garantir que os custos de manutenção e reparos do imóvel sejam cobertos de forma mais ágil e sem a necessidade de recorrer a disputas judiciais ou à cobrança de valores adicionais diretamente do inquilino.

Ao ter o fundo como uma reserva específica, a imobiliária consegue administrar melhor os custos operacionais, evitando o desgaste com negociações e cobranças. Isso se traduz em uma gestão mais eficiente da etapa mais complexa do aluguel de imóveis, que é a rescisão. Para o locador, o FCI representa uma proteção adicional e um alívio no momento da rescisão do contrato quando surgem questões relativas ao estado de conservação do imóvel.

Para a imobiliária que trabalha ou pretende trabalhar com o FCI, é importante ressaltar que o instrumento precisa ser tratado com extrema clareza nos contratos de locação. A imobiliária deve garantir que a cobrança e a utilização dos recursos do FCI estejam bem estabelecidas, com detalhes sobre o valor a ser pago mensalmente, como ele será utilizado e sob quais condições ele poderá ser devolvido ao locatário, caso o imóvel seja devolvido em boas condições.

Um questionamento que surge no Judiciário é se a utilização do FCI em conjunto com uma garantia locatícia seria uma dupla garantia, o que é proibido pela Lei do Inquilinato. Para evitar esse tipo de questionamento, é importante que a Imobiliária defina expressamente em contrato e nas suas práticas operacionais que a cobrança do FCI é um acordo entre as partes para a formação de uma reserva financeira e que os valores retidos poderão ser utilizados única e exclusivamente para cobertura de danos ao imóvel.

Se a imobiliária deturpar o uso dos recursos do FCI para cobrir inadimplemento de aluguel e encargos, por exemplo, ele poderá, sim, ser questionado.

Locatários que não têm conhecimento do FCI podem estranhar quando apresentados a essa inovação. No entanto, para Luana Santos, da STS Imóveis, que foi pioneira ao implementar a prática na região de Belo Horizonte, "quando o FCI é bem explicado, o inquilino entende que está formando uma reserva que será corrigida pela poupança e poderá ser devolvida para ele ao final da locação, caso entregue os imóveis nas mesmas condições que recebeu".

Além disso, o FCI tem dois efeitos positivos na relação com o locatário: (1) evitar que danos ao imóvel gerem um custo inesperado no momento da desocupação, pois a reserva já foi formada; e (2) alinhamento de interesse com o inquilino. Afinal, com ele, está mensalmente formando uma poupança para possíveis danos, uma lembrança constante de que aqueles recursos poderão ser devolvidos caso ele cuide bem da preservação do imóvel para reaver as reservas ao final da locação.

CAPÍTULO 9

Jornada administrativa de ponta a ponta

Gerir uma carteira de locação vai muito além de simplesmente cumprir prazos e manter contratos ativos. Imobiliárias que encaram essa atividade como um mero processo burocrático, sem uma estratégia bem definida, acabam enfrentando desafios que comprometem sua eficiência e rentabilidade.

Altos índices de inadimplência, desgastes no atendimento, dificuldades na retenção de clientes e baixa previsibilidade financeira são apenas algumas das consequências de uma gestão desalinhada.

Sem uma estrutura administrativa sólida, cada nova locação pode deixar de ser uma oportunidade para o crescimento da empresa e tornar-se, na prática, uma armadilha operacional, consumindo mais tempo e recursos do que efetivamente gerando receita.

A experiência do cliente na locação de um imóvel não começa simplesmente na assinatura do contrato. Desde o processo de *onboarding* – que deve ser conduzido com clareza e transparência – até a entrega das chaves, passando pela manutenção preventiva do imóvel e pelo suporte pós-locação, cada etapa precisa ser estruturada estrategicamente para evitar falhas, mitigar riscos e garantir que tanto locadores quanto inquilinos percebam valor real no serviço prestado.

No entanto, a grande questão é que muitas imobiliárias ainda operam de forma reativa, aguardando que os problemas apareçam para, então, tentar resolvê-los. Essa abordagem, além de gerar custos adicionais e comprometer a satisfação do cliente, impede o crescimento sustentável da empresa e a consolidação de uma reputação forte no mercado.

Para apoiar sua imobiliária, relacionamos os principais pontos de atenção na jornada administrativa da carteira de locação.

Contrato de administração

O contrato de administração é a base da relação entre imobiliária e locador, abrangendo prestação de serviços, intermediação e administração de locações. Ele deve ser claro quanto ao objeto do contrato, vigência, qualificação das partes, remuneração da imobiliária e penalidades para rescisão antecipada. Além disso, cláusulas como autorização para geração da Dimob e tratamento de dados conforme a Lei Geral de Proteção de Dados Pessoais (LGPD) são essenciais. O documento também deve prever hipóteses de rescisão, incluindo descumprimento contratual ou eventos extraordinários, e definir o foro para resolução de disputas.

É recomendável incluir um quadro resumo na primeira página, facilitando o acesso a informações mais importantes. Cláusulas estratégicas fortalecem a relação com o locador, como exclusividade na relocação do imóvel e a obrigação de pagamento de honorários pela venda do imóvel ao inquilino ocupante. Também é fundamental estabelecer diretrizes para manutenções urgentes e definir responsabilidades do locador sobre conservação do imóvel, especialmente em momentos de vacância. A imobiliária deve se resguardar contra acordos diretos entre locador e inquilino sem sua mediação.

Outro ponto importante é a definição do papel da imobiliária em ações jurídicas, esclarecendo se há assessoria para processos judiciais e quem arca com os custos. No caso de aluguel garantido, é necessário estipular os prazos para pagamentos e as condições em caso de inadimplência ou abandono do imóvel. A possibilidade de cobrança terceirizada deve estar prevista, garantindo flexibilidade na gestão de débitos.

Contrato de locação

A formalização do contrato de locação só deve ocorrer se a imobiliária já tiver firmado o contrato de administração. É crucial garantir que a entrega das chaves ocorra apenas após a assinatura de ambos. O contrato deve conter um quadro resumo com informações essenciais e detalhar claramente responsabilidades de pagamento, como IPTU e seguro incêndio, para evitar futuras disputas.

Cláusulas estratégicas podem acelerar processos administrativos, como a que prevê a imissão na posse em caso de abandono do imóvel pelo inquilino. Para que isso seja juridicamente seguro, o contrato deve deixar claro que o locatário está ciente das consequências do abandono. Situações excepcionais, como imóveis com problemas estruturais assumidos pelo locatário, devem ser formalizadas em contrato, para evitar questionamentos futuros.

As multas contratuais são divididas entre moratórias, por atraso de pagamento, e compensatórias, aplicáveis a rescisões antecipadas. No contrato de locação, a multa moratória pode variar entre 10% e 20%, pois não se aplica o limite de 2% previsto para relações de consumo. Já a multa compensatória é proporcional ao tempo restante do contrato e deve seguir estritamente a Lei do Inquilinato.

Para evitar perdas na carteira, recomenda-se eliminar cláusulas que isentam o inquilino da multa após 12 ou 18 meses de locação, algo que deve ser desestimulado junto ao time comercial nos fechamentos. Com a alta demanda por imóveis, cada rescisão precoce representa custos e riscos para a imobiliária e o locador. Além disso, a imobiliária deve treinar sua equipe para negar pedidos de desocupação solicitados pelo locador durante a vigência do contrato, salvo exceções graves.

Outras multas incluem penalizações por não cumprimento de aviso prévio em contratos por prazo indeterminado e por infrações contratuais, como perturbação da ordem ou sublocação não autorizada. Também é recomendável prever a possibilidade de inscrição do inquilino inadimplente em cadastros de proteção ao crédito, além de exigir tentativas de conciliação extrajudicial antes da judicialização de conflitos.

Onboarding de clientes

Imobiliárias investem fortemente na captação de novos clientes, mas muitas falham na gestão pós-venda. Um *onboarding* bem estruturado evita frustrações, reduz conflitos e aumenta a retenção, fortalecendo a relação com locadores e inquilinos.

O processo de *onboarding* pode ser dividido em cinco etapas:

1. **Embarque:** começa antes da assinatura do contrato, preparando o cliente para a jornada administrativa que terá início a partir dali. O comercial deve alinhar expectativas, dando clareza dos próximos passos, para garantir uma transição fluida para a equipe administrativa.
2. **Passagem de bastão:** o momento da entrega das chaves é estratégico e deve ser conduzido com transparência. O inquilino precisa ser informado sobre os canais de atendimento e prazos para contestação da vistoria, enquanto o locador deve receber um contato de boas-vindas, com destaque para possíveis reparos que possam ser exigidos nos primeiros dias de ocupação do imóvel.
3. ***Kickoff*:** após os primeiros 30 dias, é essencial reforçar as informações já passadas ao locatário e esclarecer dúvidas iniciais. Isso evita retrabalho e aumenta a confiança do cliente na imobiliária.
4. **Fechamento:** nessa etapa, a imobiliária coleta feedbacks, mede a satisfação e reforça a conexão com o cliente. Essa ação fortalece a relação e incentiva avaliações positivas em plataformas como o Google.

5. **Expansão:** a base de clientes existentes pode gerar novas oportunidades de negócio. Manter um relacionamento contínuo por meio de conteúdos relevantes aumenta a percepção de valor e abre espaço para novas captações.

Vistoria inicial

A vistoria inicial é essencial para o sucesso da administração da locação. Ela deve ser clara e objetiva, registrando o estado do imóvel com fotos e vídeos detalhados. A terceirização desse serviço pode ser uma alternativa viável, desde que haja padronização na execução dos relatórios.

As imobiliárias que internalizam as vistorias devem garantir treinamento contínuo e um sistema de conferência interno. Um glossário padronizado ajuda a evitar interpretações subjetivas e facilita a comunicação com clientes e as seguradoras ou garantidoras, que podem reprovar pagamentos por conta de expressões contraditórias. A alta taxa de contestações de vistorias pode indicar falhas no processo e deve ser monitorada pelo gestor.

Seguro incêndio

O seguro incêndio é fundamental para a segurança da operação de locação e deve ser contratado antes da entrega das chaves. A melhor prática é manter a contratação sob gestão da imobiliária, evitando riscos de inadimplência. Delegar a contratação para o inquilino é muito arriscado e demanda mais controle por parte da imobiliária. Se o seguro incêndio for contratado diretamente pelo locatário ou não estiver no boleto, ele pode não ser coberto pela garantia. Além da proteção ao imóvel, a comercialização do seguro pode representar uma fonte adicional de receita.

Checklist da implantação dos novos contratos

Para evitar problemas administrativos, a imobiliária deve adotar um checklist na implantação de contratos, garantindo que todos os dados essenciais estejam corretamente cadastrados no sistema. Isso inclui informações dos locadores e locatários, repasses, encargos e prazos contratuais.

A checagem deve ser feita por um profissional experiente, capaz de identificar possíveis pendências e inconsistências. A organização desde o início da locação evita retrabalho e melhora a relação com os clientes.

A centralidade no cliente

O sucesso de uma imobiliária depende do entendimento claro do papel da empresa e da importância do cliente em seu negócio. Quando os colaboradores compreendem como suas ações impactam a experiência do cliente, o atendimento ganha mais sentido e propósito. A imobiliária não se resume à intermediação de imóveis; trata-se da construção de relacionamentos e da entrega de soluções que realmente agregam valor à vida dos clientes.

Colocar o cliente no centro das atividades significa garantir um atendimento de excelência, com proatividade na resolução de problemas e um compromisso contínuo com a qualidade. Equipes alinhadas com esses valores trabalham de forma colaborativa, refletindo diretamente na fidelização dos clientes e no sucesso da imobiliária.

Para assegurar essa centralidade, a equipe precisa adotar princípios como: cumprir promessas, antecipar necessidades, manter acompanhamento constante, fornecer informações claras, confiar no cliente e ser transparente. Treinamentos adequados fortalecem essas práticas e criam conexões duradouras.

Estrutura ideal de equipe

A melhoria contínua no atendimento exige treinamentos constantes, aplicação de metodologias e uso de tecnologias que otimizem a gestão de chamados. O gestor precisa estruturar a equipe de forma eficiente, garantindo que as informações estejam centralizadas e que os processos sejam padronizados e replicáveis.

Não há um modelo único de estrutura administrativa ideal. Muitas operações tornam-se ineficientes devido ao excesso de intermediações e à falta de padronização, resultando em processos morosos e retrabalho. A solução passa pela escrita e pela automatização dos processos, garantindo que as atividades sejam concentradas e organizadas de forma eficiente.

O dimensionamento do time deve considerar a adoção de tecnologia. Há operações eficientes com uma pessoa para cada 120 a 150 contratos, enquanto outras necessitam de um profissional para cada 65 contratos, devido ao baixo uso de plataformas digitais. A combinação de processos bem definidos, padronização e tecnologia pode elevar essa média para mais de 100 contratos por colaborador.

Gestão de chamados

O atendimento eficaz a proprietários e inquilinos é um desafio constante. A falta de controle na comunicação pode resultar em um volume excessivo de ligações, e-mails e mensagens, impactando a experiência do cliente e a reputação da imobiliária.

Chamados são todas as interações dos clientes que geram demandas, desde solicitações simples, como a segunda via de boletos, até processos complexos, como aviso de desocupação. O crescimento da imobiliária não pode comprometer a organização dessas demandas. Empresas que não controlam seus chamados acabam perdendo o contato próximo com os clientes, prejudicando a retenção.

A gestão eficaz dos chamados melhora a produtividade da equipe, permitindo que os profissionais acompanhem e concluam suas atividades com clareza. Isso também possibilita monitoramento de desempenho e análise de gargalos, contribuindo para decisões estratégicas. O uso de ERPs e plataformas *omnichannel* oferece vantagens como automação de tarefas repetitivas, economia de tempo e previsibilidade nas entregas. Ferramentas centralizadas reduzem erros e garantem um histórico detalhado das interações.

Além disso, a organização dos chamados gera economia, pois permite o controle do custo de atendimento e evita desperdício de tempo. Para imobiliárias menores, planilhas ainda podem ser utilizadas, desde que haja um fluxo bem definido para registro e acompanhamento das demandas.

Metodologia dos 3Qs

Para garantir ritmo e cadência no atendimento, a metodologia dos 3Qs organiza o fluxo de chamados, mantendo-os sempre ativos até sua conclusão. Antes de encerrar um atendimento, a equipe deve responder:

- QUAL será a próxima ação?
- QUEM será o responsável?
- QUANDO essa ação será executada?

Se uma dessas perguntas não tiver resposta, o atendimento estará incompleto. Essa prática evita que chamados fiquem esquecidos e mantém a previsibilidade do atendimento, aumentando a eficiência e reduzindo frustrações para clientes e equipe.

Comunicação no atendimento

Uma gestão de chamados eficiente permite que o atendimento seja mais humanizado e estratégico, dedicando mais tempo ao relacionamento com os clientes. Isso exige que os líderes acompanhem indicadores e desenvolvam a equipe em aspectos tanto técnicos quanto comunicacionais.

Mesmo setores tradicionalmente mais distantes do cliente, como o financeiro, precisam estar aptos a dialogar e resolver problemas de maneira clara e assertiva. Sem locadores e locatários, a imobiliária não se sustenta, e a comunicação eficaz é a chave para uma experiência satisfatória.

A Comunicação Não Violenta (CNV) (Rosenberg, 2006) é uma ferramenta essencial nesse contexto. Ela ajuda a evitar conflitos e a fortalecer a conexão com os clientes. Seus quatro pilares são:

- **Observação:** diferenciar fatos de interpretações evita mal-entendidos e reduz resistência no diálogo.
- **Sentimento:** reconhecer emoções como indicadores de necessidades não atendidas melhora a abordagem ao cliente.
- **Necessidade:** compreender o que está por trás da reclamação permite oferecer soluções mais acertadas.
- **Pedido:** garantir que os pedidos sejam claros e específicos reduz retrabalho e insatisfações.

Ao aplicar esses princípios, a equipe passa a lidar melhor com situações difíceis, transformando interações negativas em oportunidades de melhoria e fidelização.

Dicas estratégicas para a gestão de chamados

Uma gestão eficiente de chamados reduz reclamações, melhora índices de satisfação (como o NPS) e aumenta a retenção de locadores e inquilinos. Para alcançar esses resultados, recomenda-se:

- **Centralizar a comunicação:** ter um único ponto de contato reduz ruídos e facilita a gestão de atendimentos.
- **Automatizar processos:** adoção de scripts e respostas predefinidas melhora a padronização e a eficiência.
- **Monitorar indicadores:** tempo de primeira resposta, taxa de resolução e qualidade do atendimento são métricas essenciais.
- **Implementar mudanças graduais:** pequenas melhorias contínuas são mais eficazes do que mudanças bruscas, que podem desorganizar a operação.

Com processos bem estruturados e tecnologia aliada à comunicação estratégica, a imobiliária se fortalece no mercado, oferecendo um atendimento mais ágil, transparente e voltado para a experiência do cliente.

Gestão de manutenção

A manutenção imobiliária passa por cinco etapas essenciais: rede de prestadores de serviços, pedido, orçamento, vendas e execução. O sucesso da operação depende de uma estrutura bem organizada e de processos eficientes.

1ª Etapa: rede de prestadores de serviços

O primeiro passo para uma gestão eficaz é construir uma rede confiável de prestadores. O ideal é contar com dois tipos de profissionais: generalistas, como os "maridos de aluguel", que resolvem múltiplas demandas, e especialistas, que lidam com serviços mais técnicos, como aquecimento a gás.

Essa rede deve ser minimamente abundante, ou seja, equilibrada entre oferta e demanda, garantindo atendimento mesmo em períodos de alta solicitação. Além disso, é essencial fomentar parcerias sólidas, entendendo as expectativas dos prestadores e criando um relacionamento equilibrado.

Um *onboarding* bem estruturado ajuda a alinhar expectativas e formalizar regras, como prazos para orçamentos, pagamentos e exigências fiscais. O ideal é trabalhar apenas com profissionais que garantam qualidade, segurança e profissionalismo, mesmo que isso implique um custo um pouco mais alto.

O acompanhamento da pontualidade nas entregas é essencial para criar uma cultura de compromisso com prazos e qualidade. A imobiliária deve monitorar diariamente as execuções e cobrar feedbacks constantes para manter o padrão esperado.

2ª Etapa: pedido de manutenção

Os pedidos de manutenção costumam chegar pelos canais mais acessíveis ao cliente, como WhatsApp e e-mail. No entanto, a falta de centralização pode causar perdas de chamados e atrasos.

A solução é estabelecer um único canal oficial para recepção dos pedidos, seja um *helpdesk*, formulário no site ou uma plataforma *omnichannel* que unifique os meios de contato.

O alinhamento interno é fundamental: toda a equipe deve estar ciente da política de abertura de chamados e encaminhá-los corretamente, evitando ruídos na comunicação. O pedido deve ser detalhado desde o início, contendo fotos e descrições precisas. Isso agiliza o orçamento e evita interações desnecessárias para coletar mais informações.

3ª Etapa: orçamento e pré-atendimento

Antes de iniciar um orçamento, recomenda-se um pré-atendimento para tentar solucionar o problema sem custos. Algumas imobiliárias já utilizam inteligência artificial para sugerir ações iniciais aos clientes, como reiniciar disjuntores ou limpar filtros antes de chamar um técnico.

O acompanhamento diário de prazos é essencial para evitar atrasos no orçamento. O ideal é que a imobiliária intermedeie o contato entre prestador e cliente, garantindo clareza e objetividade.

Os orçamentos devem ser detalhados, com descrições precisas, fotos e vídeos. Para garantir um valor justo, a imobiliária pode manter uma tabela de preços médios, servindo de base para avaliar se os valores estão dentro do esperado.

Além disso, os prestadores devem oferecer preços competitivos devido à parceria de longo prazo com a imobiliária. Oferecer diferentes opções de solução ao locador (definitiva ou paliativa) aumenta a taxa de conversão dos orçamentos.

4ª Etapa: vendas e autorização

A definição da responsabilidade pelo pagamento é um dos maiores desafios na fase de vendas. A equipe deve ter conhecimento aprofundado da Lei do Inquilinato e acesso rápido à vistoria inicial para determinar se o reparo cabe ao inquilino ou ao locador.

Muitas imobiliárias optam por intermediar apenas as manutenções de responsabilidade do locador, mas há uma oportunidade estratégica em atender também o inquilino, reforçando o relacionamento e a retenção de clientes. O setor de manutenção deve ser visto como um setor comercial, capaz de gerar receita para a imobiliária. A aplicação de taxas de intermediação ajuda a cobrir custos operacionais e torna o serviço mais sustentável.

O preparo dos colaboradores inclui técnicas de vendas, negociação e comunicação. Recomenda-se o uso de gatilhos de persuasão para aumentar a aceitação dos orçamentos.

5ª Etapa: execução da manutenção

Após a aprovação do orçamento, a previsibilidade na execução é fundamental. O prestador precisa informar prazo de início e término do serviço e a imobiliária deve monitorar esses prazos ativamente. A documentação da execução é essencial: fotos e vídeos do antes e depois ajudam a comprovar a qualidade do serviço e evitar futuras reclamações.

Ter um histórico organizado das manutenções facilita a solução de problemas recorrentes, especialmente na vistoria final. Outro ponto estratégico é a pesquisa de satisfação pós-serviço, permitindo detectar problemas rapidamente e acionando o prestador antes que seja tarde.

Manutenções preventivas

Além das manutenções corretivas, as imobiliárias devem investir em manutenções preventivas. O tempo e o uso desgastam o imóvel, desvalorizando o patrimônio do locador. A imobiliária pode mapear pontos de atenção e sugerir melhorias antes que se tornem problemas maiores. Isso inclui revisão da pintura, vedação, estado das aberturas, rejuntes, pisos e instalações elétricas.

Para implementar essa cultura, é necessário um alinhamento interno para que todas as equipes identifiquem oportunidades e repassem informações ao setor responsável. Além de gerar valor para o cliente, essa abordagem reduz a rotatividade de imóveis e aumenta a retenção de locadores.

Diferenciar os relatórios de vistoria final pode ser uma oportunidade:

- Relatório geral do estado do imóvel.
- Relatório de divergências (destinado ao inquilino).
- Relatório de melhorias sugeridas (destinado ao locador).
- Desocupação.

A desocupação de imóveis é um momento estratégico para a retenção de locadores, influenciando diretamente a reputação da imobiliária. Uma gestão eficiente nesse processo melhora a experiência do cliente, minimiza conflitos e aumenta a fidelização dos proprietários.

A agilidade no processo é essencial. O ideal é que toda a conta seja fechada dentro dos 30 dias do aviso prévio. Um processo lento pode gerar desconforto para todas as partes envolvidas: o inquilino pode perder o engajamento, o locador pode ficar ansioso sobre o estado do imóvel e a imobiliária pode enfrentar dificuldades com negociação e cobrança. Estratégias bem definidas aceleram o fluxo e evitam conflitos.

Boas práticas na desocupação

O aviso de desocupação inicia o processo e deve ser formalizado, registrando dados do inquilino, do imóvel e o motivo da saída. É importante comunicar imediatamente o locador, mantendo-o informado sobre cada etapa.

Ao receber o aviso, a imobiliária deve orientar o inquilino sobre os próximos passos, incluindo documentação necessária, prazo de vistoria e reparos exigidos. O processo deve ser centralizado em um canal único para evitar informações desencontradas. O agendamento da vistoria deve ser sugerido de forma proativa, dentro das primeiras três semanas do aviso. Um processo rígido, mas flexível em casos específicos, ajuda a garantir previsibilidade.

Período de pré-vistoria

A comunicação direta com o inquilino é essencial nesse período. Uma ligação dentro da primeira quinzena do aviso pode esclarecer dúvidas, orientar sobre reparos e apresentar serviços que a imobiliária pode intermediar. Além disso, os registros financeiros, incluindo questões como multa, devem ser revisados antecipadamente para evitar surpresas na finalização do contrato.

Os documentos e os dados do contrato também devem estar organizados, e o cadastro atualizado. Confirmar a vistoria 24 horas antes evita atrasos. Esse acompanhamento constante reduz tensões e acelera a resolução de pendências.

Vistoria de saída

A vistoria é um dos momentos mais importantes do processo. O vistoriador deve estar alinhado com as rotinas da imobiliária e preparado para responder às questões do inquilino. A qualidade do relatório impacta diretamente na negociação e na resolução de pendências.

Ainda é imprescindível registrar, digitalmente ou por protocolo em documento escrito, a presença do inquilino no dia da vistoria, a fim de atestar que ela foi realizada na sua presença. Isso economiza tempo e dificuldades quando o inquilino se negar a assinar a vistoria por discordância do relatório.

Complementando o tema da vistoria de saída, se a sua equipe está despreparada, não consegue atender com agilidade a demanda de vistorias, produz relatórios incompletos ou deixa de lado a verificação minuciosa de todos os itens vistoriados, considere a terceirização.

Durante a vistoria de saída, algumas empresas oferecem "rescisão facilitada", entregando um orçamento detalhado e simplificando a resolução de pendências, com a possibilidade de o locatário pagar à imobiliária encerrando ali o contrato.

Orçamentos e negociação

A imobiliária deve tomar a iniciativa de solicitar e enviar orçamentos rapidamente, não esperando a demanda do inquilino. Caso não intermedeie os reparos, pode ao menos indicar prestadores de serviço qualificados.

O tempo de execução deve ser calculado, pois dias de imóvel indisponível podem ser cobrados do inquilino. Se a imobiliária oferecer manutenção, a equipe precisa estar treinada para vender esse serviço, destacando os benefícios de comodidade e qualidade.

A negociação exige preparo e conhecimento da Lei do Inquilinato, especialmente sobre direitos e deveres das partes. O inquilino pode ser classificado em três perfis:

- Paga os débitos e delega os reparos à imobiliária.
- É devedor, exigindo maior controle e persuasão.
- Opta por realizar os reparos por conta própria, exigindo orientação detalhada.

A equipe deve identificar rapidamente o perfil do cliente para adotar a estratégia de atendimento mais adequada.

Fechamento e devolução de chaves

A devolução das chaves ocorre após a vistoria e a regularização das pendências, seja por reparos feitos pelo inquilino ou pela imobiliária.

A rescisão só deve ser formalizada após quitação dos valores devidos. O uso de meios facilitadores, como pagamento via cartão de crédito ou fintechs, pode acelerar a finalização.

A abertura de sinistro deve ocorrer rapidamente em casos de inadimplência. Se os reparos forem administrados pela imobiliária, é essencial prever atrasos na execução e comunicar claramente ao locador.

Retenção do locador

Manter o locador é essencial para a continuidade dos negócios da imobiliária. O primeiro passo é informá-lo imediatamente sobre o aviso de desocupação, garantindo transparência e previsibilidade.

A equipe deve manter um fluxo de comunicação constante, oferecendo informações sobre a desocupação e a situação do mercado para nova locação, com uma projeção de valor do aluguel na relocação. O processo comercial precisa ser ativado de imediato para que a divulgação tenha início ainda que sem a exposição do imóvel no site. O ideal é ter um novo locatário disposto a entrar no imóvel antes que outra imobiliária aborde o locador.

A sugestão de melhorias para o imóvel também pode reforçar a relação com o locador. Algumas imobiliárias fornecem crédito para que o locador invista no imóvel, assegurando assim a exclusividade na relocação.

Para assegurar um bom relacionamento com os locadores, é importante segmentar a base de clientes, definir um fluxo de comunicação e utilizar scripts para interações eficazes.

O primeiro passo é conhecer e segmentar os proprietários, pois cada um exige um nível diferente de atenção. Para isso, utilize a curva ABC, classificando-os com base em critérios como número de imóveis ou receita recorrente.

- **Clientes A:** possuem vários imóveis ou imóveis de alto valor. Demandam um atendimento mais personalizado, com contato frequente e relatórios detalhados.
- **Clientes B e C:** necessitam de um bom atendimento, mas sem a mesma dedicação intensiva.

Cadência de comunicação

Manter um contato regular evita que o proprietário se sinta esquecido e melhora a relação, estabelecendo um colchão de confiança para suportar as más notícias inevitáveis na administração do imóvel. A frequência varia conforme o perfil:

- **Clientes A:** contatos mensais.
- **Clientes B e C:** contatos trimestrais.

Cada interação deve agregar valor, seja com atualizações do mercado, desempenho do imóvel ou acompanhamento.

Ter scripts bem estruturados ajuda a padronizar a comunicação sem perder a naturalidade. Além disso, a escolha do canal de contato é essencial:

- Ligações para situações urgentes.
- WhatsApp para contatos rápidos e objetivos.
- E-mails automatizados para manter um fluxo de relacionamento ativo.

Nenhuma estratégia de comunicação resolverá problemas estruturais, como inadimplência ou falhas na administração da locação. A confiança do proprietário depende, antes de tudo, de uma gestão eficiente.

Renovação

A renovação proativa de contratos é uma estratégia essencial para retenção de proprietários e otimização da rentabilidade da imobiliária. Muitas empresas negligenciam esse processo, deixando os contratos se renovarem automaticamente por prazo indeterminado. No entanto, os locadores esperam que a imobiliária atue ativamente na renovação, garantindo a permanência do inquilino e uma revisão justa do aluguel. Em um momento de valorização do aluguel como o que vivemos nos últimos anos, essa é uma oportunidade de entregar resultados e surpreender os locadores.

Para evitar erros, é fundamental mapear todas as etapas do processo. A reavaliação do valor do aluguel deve ser feita com base em índices como FipeZap ou ferramentas de comparação. Se o reajuste for inferior a 10%, pode não compensar o esforço da renovação.

Nos imóveis residenciais, a personalização do atendimento faz diferença, e oferecer uma margem de negociação para bons locatários pode garantir a continuidade da locação. Já nos imóveis comerciais, a renovação deve ser planejada com antecedência, considerando a legislação específica e o momento do mercado.

A comunicação transparente é essencial, incluindo a formalização da renovação via termo aditivo e a definição de cláusulas como a multa rescisória. Esse processo também pode ser uma fonte de receita para a imobiliária, desde que a cobrança da intermediação esteja prevista no contrato de administração. Modelos de remuneração incluem percentual sobre o novo aluguel ou uma taxa fixa.

Cobrança de inadimplentes

A inadimplência é um grande desafio para as imobiliárias, mas uma abordagem estratégica pode reduzir o problema e rentabilizar a operação. A prevenção é essencial: uma boa análise de crédito e garantia adequada fazem toda a diferença.

Estabeleça uma régua de cobrança com lembretes automáticos antes do vencimento e utilize canais variados como WhatsApp, ligações e e-mail. Caso ocorra atraso, a comunicação profissional é chave. Tenha pessoas treinadas e scripts de abordagem para contato respeitoso e eficiente, buscando soluções como parcelamento via cartão de crédito.

Muitas imobiliárias negligenciam a cobrança ao confiarem integralmente em seguradoras e garantidoras, o que pode atrasar pagamentos e reduzir a remuneração da parceria. É fundamental manter um processo estruturado, priorizando a cobrança amigável e evitando a judicialização sempre que possível.

A maioria dos atrasos é de curto prazo e pode ser resolvida rapidamente. Acompanhe a inadimplência mais de uma vez ao mês e defina metas para a equipe de cobrança.

Mantenha transparência com os proprietários, informando sobre atrasos e medidas tomadas. Uma cobrança eficiente não só recupera valores como também fortalece o relacionamento com os locadores.

Uma imobiliária com processo de cobrança eficiente é a Prolar Netimóveis, de Belo Horizonte. Uma colaboradora do financeiro fica dedicada integralmente ao trabalho de falar com os inadimplentes, fazendo inclusive um trabalho preventivo com clientes que deixam de pagar com frequência ao avisá-los do vencimento do boleto com antecedência.

A cobrança amigável tem início dentro da Prolar já no primeiro dia após o vencimento do aluguel, buscando a priorização do pagamento com o emprego de diferentes canais de contato e técnicas de sensibilização que vão sendo aperfeiçoadas continuamente.

"O custo dessa pessoa se paga não apenas com as multas cobradas dos locatários, mas principalmente com a retenção dos locadores na carteira. Hoje, conseguimos manter mais de 80% dos imóveis em desocupação na imobiliária, o que nos permite crescer de forma permanente", avalia Vinicius Araujo, CEO da Prolar.

Cuidado com as fraudes

Fraudes são um risco crescente dentro das imobiliárias. As mais comuns envolvem identidade falsa para alugar imóveis sem pagar e furtos de móveis em imóveis mobiliados. Prevenir fraudes exige verificação rigorosa de locatários e fiadores.

Compare endereços e telefones fornecidos com dados de birôs de crédito, cheque históricos financeiros e a autenticidade de documentos. Utilize aplicativos como o VIO do Gov.br para validar identidades. Ferramentas mais avançadas, como biometria facial com prova de vida e autenticação por token, aumentam a segurança.

Outra estratégia é exigir um Pix de valor simbólico para confirmar a identidade do locatário. Processos comerciais bem definidos também são fundamentais, garantindo que a entrega de chaves ocorra sempre presencialmente.

Assinaturas digitais devem ser feitas em plataformas seguras, e a equipe comercial precisa ser treinada para identificar inconsistências e comportamentos suspeitos. Simulações e testes de fraudes ajudam a equipe a reagir corretamente.

Na CredAluga, investimos fortemente no combate a fraudes e criamos um processo de verificação do inquilino que inclui validação de identidade com múltiplas camadas de verificação, entre elas: biometria facial com prova de vida, Pix por CPF, tokens para validar dados de contato e checagens de comportamento do CPF e de vazamentos de dados. Isso ajudou a tornar o processo muito mais seguro no combate a fraudes.

Apesar de a CredAluga investir em segurança, recomendamos fortemente que as imobiliárias também façam a sua parte. No combate a fraudes, entendemos que não há uma bala de prata. No entanto, a combinação de múltiplas camadas de verificação tem o efeito poderoso de mitigar, levando a praticamente zero, a possibilidade de um fraudador conseguir passar por todas as etapas do processo sem ser identificado.

Contribuição do comercial na retenção de locadores

A escolha criteriosa de locatários impacta diretamente na qualidade dos contratos. Em um mercado com alta demanda, é comum que locadores pressionem por contratos rápidos, mas selecionar bons inquilinos é essencial para evitar problemas futuros.

Não basta analisar apenas a capacidade de pagamento. Ferramentas avançadas podem ajudar a identificar históricos de inadimplência e processos judiciais. Além disso, a equipe comercial precisa estar treinada para avaliar aspectos qualitativos durante o atendimento.

A responsabilidade sobre a qualidade dos contratos deve refletir no comissionamento do departamento comercial. Se um contrato gera problemas logo no início, é sinal de que a análise foi falha. Ajustar o comissionamento para incentivar boas seleções melhora os processos e reduz riscos.

Com essa abordagem, a imobiliária protege seu negócio, evita conflitos, garante satisfação de locadores e constrói relações duradouras. A retenção de bons locatários impacta diretamente a sustentabilidade e a reputação da imobiliária no longo prazo.

Conclusão

A gestão eficiente da carteira de locação vai muito além da intermediação de contratos. Processos estruturados, comunicação estratégica e atendimento proativo são essenciais para garantir previsibilidade financeira, satisfação dos clientes e retenção de locadores. Cada etapa – contrato, *onboarding,* vistoria, cobrança, desocupação e manutenção – precisa estar alinhada para evitar falhas operacionais e fortalecer o relacionamento com todas as partes envolvidas.

A adoção de tecnologia, metodologias de atendimento e a segmentação dos clientes possibilitam um fluxo de trabalho mais ágil e seguro, reduzindo a inadimplência, prevenindo fraudes e aumentando a eficiência da equipe. Além disso, um time bem treinado e orientado para a experiência do cliente faz toda a diferença na percepção de valor dos serviços prestados pela imobiliária.

CAPÍTULO 10

Transformação digital:

da escolha de sistemas
à eficiência operacional

A pandemia serviu para promover alguns anos de transformação digital no imobiliário em questão de poucos meses. De repente, todos tivemos de adaptar processos para o trabalho remoto. E os clientes deixaram de frequentar as imobiliárias, colocando pressão sobre os sistemas contratados pela empresa, que precisavam estar disponíveis e rodar não apenas no escritório, mas também na casa dos colaboradores. O resultado: nunca vimos tantas imobiliárias trocando de CRM, de ERP, contratando novos softwares ao mesmo tempo. A pressa em fazer essas mudanças foi compreensível, mas o ideal é que haja mais reflexão sobre os passos a serem dados quando o assunto é a troca de sistemas.

Por isso, vamos abordar aspectos importantes que devem ser observados nas tecnologias que você analisa e contrata. Dentro das imobiliárias, acredite, é assustadora a quantidade de soluções contratadas que estão sem uso efetivo, soluções redundantes ou deixadas de lado e subaproveitadas por absoluto desconhecimento e falta de visão de quem as contrata. O ideal é manter distância dessas armadilhas que só geram confusão na cabeça do time e aumentam o custo fixo da empresa. Compreender e amarrar tantas tecnologias disponíveis não é trabalho simples, por isso, precisamos partir do que é mais importante – no caso, o ERP que a sua empresa utiliza.

ERP

O software em que você faz a gestão financeira e administrativa da imobiliária é o chamado ERP, do inglês *Enterprise Resource Planning*. Para a imobiliária, o ERP é vital na gestão dos contratos de imóveis sob administração. Uma tecnologia ultrapassada, com limitações, resultará em demanda intensiva de esforço braçal e risco maior de erros humanos, como esquecimentos que podem custar caro para a empresa. O seu ERP é peça fundamental para digitalizar processos e tornar a imobiliária mais ágil e competitiva. Alguns pontos críticos devem ser observados nas tecnologias disponíveis nesses sistemas. O primeiro ponto, evidenciado pela pandemia, é o fato de rodar em nuvem. Isso significa que o sistema não fica instalado em uma máquina física dentro da imobiliária. Na prática, a solução disponível em nuvem permite que o seu time trabalhe remotamente, sem estar necessariamente dentro da imobiliária. Estar na nuvem é básico.

Outro ponto elementar é a integração do ERP com o CRM. Trabalhar com soluções de ERP e CRM sem integração gera retrabalho, pois será preciso cadastrar duas vezes os imóveis e os clientes, os locatários e os locadores. Mais adiante, vamos falar detalhadamente sobre os CRMs, mas é preferível trabalhar com um CRM limitado integrado a um ERP excelente, em vez de ter um ERP limitado integrado a um CRM incrível. Você consegue viver com um CRM ruim, há alternativas como os gestores de leads, por exemplo. Mas, com um ERP ruim, a sua vida vira um inferno. Agora, vamos falar das diferenciações mais complexas.

O que vemos de mais avançado em termos de funcionalidades é a conciliação bancária com split de pagamento, dispensando o trabalho manual do financeiro de ficar programando os repasses dos locadores um a um, à medida que os locatários vão pagando o boleto do aluguel. Geração e registro do boleto automatizado, aliás, são outra vantagem competitiva, conhecida como boleto inteligente. Assim, acaba a novela de geração e envio manual de uma remessa de boletos para registro no banco. Tenha atenção, também, à dinâmica do IPTU. Alguns ERPs possibilitam integração com a prefeitura da sua cidade para fazer o pagamento em remessa e não carnê por carnê individualmente. À medida que a imobiliária cresce, o pagamento do IPTU transforma-se em um tormento para o departamento financeiro que o ERP pode simplificar.

Ainda em termos de gestão financeira, preste atenção à dinâmica de lançamento de taxas, que, além das taxas fixas por categoria, como intermediação e administração, deve facilitar também o lançamento das taxas pontuais, como manutenção ou mesmo reembolso do fundo de reserva. Além do lançamento de taxas, observe ainda os controles, por exemplo, das garantias que precisam ser renovadas, dos contratos que estão chegando ao fim, se você consegue registrar que o condomínio foi pago ou não. São detalhes que não podem ser negligenciados. Também no financeiro, avalie a possibilidade de classificação de despesas, com a criação de centros de custos.

A troca de um ERP é uma tarefa de grande impacto sobre as rotinas da imobiliária. Um conselho valioso é envolver os times administrativo e financeiro na tomada de decisão. Resista à tentação de resolver o desafio sozinho. Não haverá solução perfeita para o desenho de processos que vocês têm. Possivelmente, precisarão alterar determinados processos para se adequarem ao software, e pode ser que o ERP os coloque de fato dentro de uma melhor prática. É preciso entrar de peito aberto nessa jornada, sem se apegar cegamente ao jeito como as coisas são feitas hoje dentro da imobiliária. Antes de falar com fornecedores, relacione os pontos que mais incomodam e dificultam o trabalho do seu time no ERP atual, e liste também as rotinas que não podem falhar, para então observar como os ERPs analisados se comportam dentro desses aspectos listados. E, se possível, se sua imobiliária for um pouco maior, procure fazer um teste administrando um pequeno número de imóveis na nova tecnologia, até ter certeza de que está fazendo a troca por uma solução melhor e mais aderente ao seu negócio.

CRM

O segundo sistema de maior relevância para a imobiliária é o CRM, pelo qual os imóveis são cadastrados para divulgação e a gestão dos clientes deveria ser feita até o fechamento do negócio. Deveria, pois dificilmente o CRM é usado na sua plenitude. O normal é que o CRM seja apenas um repositório de imóveis e suas imagens, para alimentar o site da imobiliária e os portais imobiliários, e ponto final, o que é uma visão limitada do seu papel. Se usado adequadamente, o CRM tem condições de auxiliar os atendentes na produção de mais negócios e possibilita à gestão acompanhar a performance do time comercial e os resultados do investimento em marketing via mensuração de dados. Com dados em mãos que evidenciem as dificuldades ou oportunidades do seu negócio, você pode elaborar e aprimorar estratégias.

O maior inimigo da melhor usabilidade do CRM nas imobiliárias não é a figura do atendente ou corretor de locação, e sim o processo comercial. Sem o pré-atendimento, toda a dinâmica comercial acaba prejudicada, pois o atendente acaba tendo que conciliar o primeiro atendimento de leads, agendamento e acompanhamento de visitas, proposta, coleta de documentação etc. Quando você adota o pré-atendimento na locação, o CRM começa a ser utilizado de fato, pois o cliente é implantado ali, tem os seus dados corretamente anotados ou captados, e a visita agendada, com o bastão sendo passado para o demonstrador ou atendente fechador. Outro fator que ajuda na disseminação do CRM é a interface mais amigável, reforçando seu papel de auxiliar o time comercial na geração de negócios.

Uma característica evidente dos bons CRMs é adotar o chamado *kanban*, que organiza as informações sobre os atendimentos em curso, dividindo-os visualmente em colunas em uma mesma tela. Ou seja, os clientes não são colocados em uma lista fria, interminável. Eles estão colocados lado a lado, divididos entre primeiro contato, qualificados, visita agendada, visita realizada, proposta, coleta de documentação, vistoria e contrato. O atendente ou gestor bate os olhos e rapidamente sabe quantos clientes estão com visita agendada, por exemplo. É daí em diante que os atendentes precisam estar focados. O CRM torna-se ferramenta de trabalho vital para o comercial. No *kanban*, que você pode personalizar conforme o seu processo comercial, os clientes são movidos de uma coluna a outra rapidamente, facilitando o trabalho dos atendentes.

O cadastro de imóveis é um ponto negligenciado por alguns CRMs que consomem tempo demais, algo como uma hora de trabalho, para que um único imóvel seja inserido no sistema. Isso atrasa especialmente o trabalho dos captadores. Aliás, entrando em captação, outro diferencial que poucos CRMs imobiliários oferecem é a possibilidade de criação de um funil ou *kanban* específico de captação, o que dá mais organização ao trabalho dos captadores. Quando o CRM não permite isso, o caminho é trabalhar em planilha ou contratar um CRM generalista para que os captadores trabalhem apartados, o que não é o ideal.

Outra característica dos melhores CRMs sobre a qual precisamos falar é a abertura para integrações. Elas precisam ocorrer nos dois sentidos, permitindo a exportação e a importação de dados. O objetivo é que você tenha liberdade para trabalhar. Por exemplo, se você quiser fazer um site sem que tenha o template de site oferecido pelo seu CRM, isso é possível? Você deve ter liberdade de escolha para ter um site conforme a sua estratégia, e não por imposição do CRM que impede a integração. E as possibilidades de integração, quando falamos de CRM, são muitas, portanto, você deve analisá-las atentamente antes de contratar uma solução.

Finalizando a abordagem sobre diferenciais dos CRMs, atenção ainda à qualidade dos relatórios. A mentalidade de dados na operação é fundamental para a tomada de decisões com otimização de tempo e dinheiro. Por isso, o seu CRM precisa entregar relatórios estratégicos para a melhor gestão comercial da imobiliária. O CRM deve fornecer um funil exclusivo de locação, apontar o ciclo médio dos negócios, quais foram os principais motivos de perda, quantos leads foram gerados e efetivados por canal de mídia de origem.

Sinalizados tantos pontos de atenção sobre CRMs, não podemos deixar de falar sobre o papel dos gestores. O líder da operação comercial precisa conhecer a tecnologia em uso a fundo, tendo especial dedicação ao treinamento de novos colaboradores. Para isso, é válido ter um *playbook* do seu processo de locação. Esse material é basicamente um manual do uso do CRM alinhado com o processo comercial da locação. Dessa forma, a imobiliária terá um padrão de uso do sistema tanto para os colaboradores consultarem, quanto para servir como guia para os novos colaboradores. Os treinamentos de uso do CRM devem ser feitos com base nesse *playbook*, o que vai elevar o nível de conhecimento de todos sobre a solução disponível.

Soluções complementares

Outra tecnologia em ascensão no comercial de locação são as soluções de atendimento *omnichannel*, que agregam contatos de chat e, principalmente, WhatsApp. Verdadeiro terror dos atendentes, o WhatsApp representa uma geração de leads muito expressiva na locação. E organizar o seu atendimento é questão de sobrevivência e de produtividade. Quando você contrata uma plataforma de atendimento *omnichannel*, um dos principais benefícios é ter um único número para todos os setores da empresa, incluindo setores administrativos.

Todos trabalham juntos dentro do software, com as conversas adequadamente arquivadas e separadas por áreas, possibilitando que os gestores leiam os conteúdos trocados com os clientes. Você também consegue estruturar automações simples, como a coleta de dados e interesse do cliente, ou agregar na plataforma o uso de inteligência artificial para automatizar o atendimento. Na hora de escolher uma ferramenta *omnichannel*, a dica é buscar uma solução que trabalhe com a integração oficial do WhatsApp e que possua API aberta para possibilitar a integração seja com o CRM ou com gestor de leads.

Outra classe de sistema essencial para imobiliárias são os *helpdesks*, ferramentas usadas para gerenciar e organizar todas as solicitações e os chamados recebidos pela imobiliária. Eles garantem que cada solicitação seja atendida de forma eficiente e dentro de um prazo adequado, utilizando diferentes canais de comunicação, como e-mail, telefone, chat e redes sociais. Para tangibilizar, vamos dar um exemplo daquilo que um sistema de *helpdesk* pode agregar na rotina prática de uma imobiliária: no atendimento a solicitações de manutenção. Quando um inquilino relata algum problema em um imóvel, ele pode abrir um chamado no sistema de *helpdesk*. O chamado é então categorizado e atribuído a um membro da equipe. O sistema acompanha o progresso do chamado até sua resolução, garantindo que o problema seja resolvido com transparência e que o inquilino seja informado de cada etapa.

Inteligência artificial

A inteligência artificial está revolucionando o atendimento ao cliente também no mercado imobiliário. Com o uso de chatbots e assistentes virtuais, por exemplo, é possível automatizar boa parte das interações iniciais com os clientes, com respostas baseadas no comportamento apresentado, informações obtidas no site e CRM e em parâmetros previamente devidos pela imobiliária.

Isso não só acelera o atendimento, mas também garante que os clientes recebam respostas imediatas, a qualquer hora do dia, e nos dão um panorama sobre a sua qualidade.

Esses sistemas de IA estão se tornando cada vez mais sofisticados, capazes de entender e responder a perguntas complexas com base em históricos de interação e preferências dos clientes. Isso significa que, em vez de gastar tempo com tarefas repetitivas, sua equipe pode se concentrar em interações mais complexas e na construção de relacionamentos, o que realmente faz a diferença para fechar negócios.

No que diz respeito às integrações, para maximizar os benefícios da IA no atendimento de clientes, é essencial escolher soluções que se integrem às tecnologias já usadas na sua imobiliária, como o seu CRM, ERP, *help desk* e ferramenta *omnichannel*, por exemplo. Quanto ao custo inicial de implementação e manutenção dessas soluções de inteligência artificial, ele pode ser elevado, mas isso está mudando rapidamente. Com a popularização da IA e a entrada de mais players no mercado, os custos estão caindo gradualmente. A tendência é que, em breve, essas tecnologias se tornem mais acessíveis, permitindo que mais imobiliárias possam aproveitar seus benefícios sem comprometer o orçamento.

Outras aplicações possíveis da IA na locação estão relacionadas ao marketing, como a produção de descritivos de imóveis, a criação de anúncios para marketing digital e o *home staging* virtual, que é a decoração de ambientes vazios para ajudar os clientes a visualizar como o imóvel pode ficar depois de ocupado. Há também casos de imobiliárias que estão usando a inteligência artificial para fazer a precificação de imóveis com base em dados de negócios realizados e anúncios de imóveis semelhantes em divulgação.

Em resumo, a inteligência artificial pode transformar a maneira como sua imobiliária atende os clientes e gerencia processos internos. Ao automatizar tarefas rotineiras e liberar sua equipe para se concentrar em atividades de maior valor, a IA não só melhora a eficiência operacional, mas também eleva a qualidade do atendimento ao cliente.

Processos

No estágio de maturidade atual do mercado imobiliário, os processos de locação não podem mais ser vistos como uma série de etapas isoladas. Eles são parte de um ecossistema mais amplo, no qual cada interação entre cliente, colaborador e sistema é fundamental para o sucesso do negócio. Para trazer um exemplo: o processo de locação começa com a captação do imóvel e se estende até a assinatura do contrato, passando por visitas, negociação, aprovação de cadastro, contratação de garantia e gestão de documentos. Cada uma dessas etapas exige precisão e agilidade.

Para que isso funcione de maneira eficaz, é essencial que o processo esteja bem definido e que todos na equipe compreendam como a tecnologia pode ser utilizada em cada etapa.

A tecnologia deve ser vista como uma extensão das capacidades humanas, não como um substituto. O sucesso na locação de imóveis depende de uma coordenação equilibrada entre os sistemas e o know-how dos profissionais. Um processo de locação bem estruturado permite que a tecnologia trabalhe a favor das pessoas, otimizando cada etapa e garantindo que o cliente tenha uma experiência fluida e satisfatória.

Outro ponto fundamental é a experiência do cliente, que deve estar no centro de todos os processos de locação. Desde o primeiro contato até a finalização do contrato, o cliente espera uma jornada sem complicações. Isso só é possível quando há uma harmonização entre os processos internos e os sistemas utilizados. Além disso, os sistemas integrados garantem que informações críticas estejam sempre acessíveis e atualizadas, permitindo que sua equipe responda rapidamente a quaisquer dúvidas ou solicitações. Essa agilidade não apenas melhora a satisfação do cliente, mas também acelera o processo de locação, reduzindo o tempo de vacância dos imóveis e aumentando a rentabilidade da operação.

Em resumo, a verdadeira eficiência no processo de locação não está apenas na adoção de sistemas avançados, mas também na capacidade de integrá-los de forma harmoniosa com os processos e as pessoas. Quando os processos de locação são bem delineados e suportados por tecnologias que automatizam tarefas rotineiras, sua equipe pode focar no que realmente importa: a construção de relacionamentos e a entrega de um serviço de alta qualidade. Essa sinergia entre processos, pessoas e tecnologia é o que impulsiona a excelência no mercado imobiliário.

Mapear processos não significa fazer desenhos complexos, cheios de caixas e setas para mostrar o caminho até a próxima etapa. Imagine-se contando para uma pessoa qualquer como se faz a captação de um imóvel. Coloque isso no papel, pode ser em formato de tópicos mesmo. Isso é mapear o processo.

Cada tarefa realizada na sua imobiliária é uma peça de um quebra-cabeça. O mapeamento é o processo de organizar essas peças de forma clara, identificando cada etapa, cada decisão e cada responsável. Ele nos ajuda a ver o processo de forma detalhada, identificando pontos de melhoria e garantindo que todos saibam exatamente como proceder em cada situação.

Ao mapear os processos, você está desenhando o caminho mais eficiente para alcançar o resultado desejado. Isso envolve descrever, passo a passo, cada tarefa, desde o início até o fim. Para facilitar ainda mais, você pode dividir o processo em fases ou etapas e, dentro de cada uma delas, listar as atividades necessárias para atingir o objetivo daquela etapa.

Cada processo deve ser descrito com clareza, de forma que qualquer pessoa, ao ler o mapa do processo, consiga entender e executar as tarefas envolvidas.

Uma vez que os processos estejam mapeados, o próximo passo é a criação dos Procedimentos Operacionais Padrão (POPs). Os POPs são documentos que formalizam o passo a passo do mapeamento e servem como guias práticos para a execução das tarefas. Eles são fundamentais para assegurar que todas as operações na sua imobiliária sejam realizadas de modo uniforme e dentro dos padrões de qualidade estabelecidos.

Os POPs são especialmente úteis para treinar novos colaboradores e padronizar o trabalho de toda a equipe. Com eles, você evita que cada pessoa execute a mesma tarefa de maneiras diferentes, o que poderia gerar inconsistências e erros. Eles devem ser claros, objetivos e escritos em uma linguagem que todos entendam.

DNA de tecnologia

Uma imobiliária que equacionou o desafio do embarque de tecnologia no aluguel é a Giacomelli Imóveis, de Florianópolis (SC). Fundada em 1975, a empresa tem a certificação ISO 9001, um diferencial no mercado imobiliário que ajudou a criar uma cultura de aderência aos processos dentro da operação. A Giacomelli dispõe de uma pessoa exclusivamente dedicada a fazer a gestão de processos, que se reúne com os gerentes para discutir melhorias na tecnologia em uso e colhe avaliações dos clientes em busca de insights.

Tamanha maturidade em processos possibilitou à imobiliária avançar na construção de uma tecnologia própria desenvolvida com exclusividade por uma empresa parceira. A solução engloba ferramentas como ERP, CRM, atendimento *omnichannel* e *help desk* em uma mesma plataforma, com todas as funcionalidades integradas. Conta Marco Giacomelli (em entrevista com os coautores), diretor da imobiliária:

> Possibilitamos, por exemplo, que o nosso locador acompanhe toda a jornada comercial no imóvel dele, desde o primeiro atendimento, passando pelo processo de navegação por 3D, até a visita, além de situá-lo quanto ao preço e liquidez de imóveis similares, sempre buscando dar transparência ao processo. Isso faz com que, quando o cliente nos procura, o motivo do contato seja buscar soluções, e não apenas informar como está sendo a procura.

Na Giacomelli, a figura do gestor de processos também centraliza o repasse de demandas de desenvolvimento de tecnologia para o fornecedor parceiro, que assim consegue avançar com foco em funcionalidades que realmente farão diferença na dinâmica de trabalho da equipe de locação. O gestor de processos ainda monitora processos que a equipe está deixando de observar, para avaliar se o problema está no time eventualmente desengajado ou se o processo em si tornou-se obsoleto.

O case Giacomelli comprova que a digitalização não é apenas uma modernização operacional, mas um novo modelo de gestão que garante eficiência, previsibilidade e crescimento sustentável. Em vez de enxergar a tecnologia como um custo, a empresa a tratou como um investimento estratégico para escalar suas operações sem comprometer a qualidade do atendimento ou aumentar excessivamente sua equipe. O resultado foi claro: com a implementação de sistemas integrados, a Giacomelli conseguiu abrir uma filial em 2024 sem precisar ampliar sua equipe, um feito impensável no modelo tradicional.

Conclusão

O que diferencia as imobiliárias que prosperam daquelas que ficam para trás não é apenas o uso da tecnologia, mas também a mentalidade com que encaram a mudança. O maior erro que uma empresa pode cometer é acreditar que a digitalização se resume a um software ou uma ferramenta específica. Falamos aqui sobre ERPs e CRMs, que são soluções essenciais para uma imobiliária, mas, na realidade, as mudanças em curso significam uma transformação cultural, na qual a empresa deve estar disposta a revisar seus processos, integrar suas equipes e, principalmente, adotar uma visão estratégica baseada em dados e eficiência operacional. O case Giacomelli nos ensina que a digitalização não é um destino, mas um processo contínuo de evolução. Empresas que se destacam no mercado imobiliário são aquelas que não apenas implementam novas soluções, mas que aprendem a extrair o máximo delas, refinando continuamente sua operação. O sucesso não está em simplesmente adotar um sistema novo, mas em utilizar a tecnologia para criar um ambiente onde decisões sejam tomadas com precisão, onde processos sejam fluidos e onde o cliente tenha uma experiência sem atritos.

CONCLUSÃO

Cultura, conhecimento e OKRs como ferramentas de gestão

A maratona do aluguel, com toda a sua complexidade e seu dinamismo, exige uma transformação profunda e contínua dos gestores imobiliários. O que se impõe não é apenas a implementação de processos e ferramentas isoladas, mas uma mudança cultural que coloque, de forma integrada, pessoas, processos e tecnologia como pilares fundamentais para a evolução do negócio. Em um cenário no qual cada etapa, desde a captação até a desocupação, passa por desafios operacionais constantes, a capacidade de adaptação e melhoria contínua se torna o diferencial que pode transformar dificuldades em oportunidades reais de crescimento sustentável.

Ou seja, não poderíamos concluir este livro sem voltar a falar sobre cultura organizacional. Como bem disse Louis Gerstner, "a cultura não é um aspecto do jogo – ela é o jogo". A cultura organizacional define não apenas o que fazemos, mas como fazemos, sendo o alicerce sobre o qual todas as estratégias se sustentam. Uma cultura forte e bem definida é responsável por inspirar os colaboradores, fomentar a inovação e garantir que as mudanças sejam incorporadas de forma genuína e consistente.

No contexto das imobiliárias, em que a proximidade e as relações pessoais muitas vezes dominam, é essencial que a cultura se construa em torno de valores que promovam a agilidade, o foco no cliente, a ética, a inovação e o respeito às funções e responsabilidades. Essa transformação cultural passa pelo reconhecimento do papel de cada colaborador – não como mero executor, mas como parte vital de uma máquina que busca incessantemente a excelência. Líderes que demonstram, com suas ações, os valores da empresa criam um ambiente no qual a cultura é vivida diariamente, moldando comportamentos e impulsionando resultados.

A cultura organizacional deve ser sistemática e organizada, compartilhada por todos e perene, servindo como guia para as decisões e práticas cotidianas. Ela não surge de forma natural, mas é construída e moldada deliberadamente por meio do que é praticado, valorizado e reconhecido. Quando olhamos para as imobiliárias, vemos pouquíssimas empresas que premiam, por exemplo, os colaboradores do administrativo de locação, o que é um grave problema em termos de construção de cultura. Por outro lado, é crescente o anseio desses profissionais por valorização e reconhecimento, enquanto os heróis da imobiliária costumam ser os corretores de imóveis campeões de vendas.

Em um mercado em constante evolução, onde a rapidez e a capacidade de adaptação são cruciais, a cultura deve estimular a inovação, a colaboração entre áreas e a descentralização das decisões, permitindo que a empresa responda de forma ágil aos desafios da locação. A cultura organizacional pode certamente representar o maior diferencial da sua imobiliária, muito além do volume de imóveis disponíveis para locação ou da estrutura física da sua empresa.

Se queremos percorrer a maratona do aluguel com êxito, outro ponto crítico é a metodologia de gestão da imobiliária. Com tantos indicadores e variáveis a serem acompanhados, a adoção de uma gestão baseada em Objectives and Key Results (OKRs) surge como uma poderosa ferramenta para dar clareza e foco à estratégia. De forma simples, os OKRs unem objetivos aspiracionais com resultados mensuráveis, permitindo que a imobiliária trace metas ambiciosas como "aumentar a retenção de imóveis na desocupação" ou "reduzir o tempo de solução dos chamados de manutenção" – e acompanhe, de maneira contínua, o progresso por meio de números precisos.

Essa prática não só garante que os processos não se tornem estáticos, mas também estimula uma cultura de revisão e inovação. Ao se adotarem os OKRs com revisões a cada trimestre, cada ciclo se torna uma oportunidade para celebrar as conquistas, aprender com os erros e ajustar as estratégias, criando um ambiente em que toda a equipe se sente parte integrante da evolução da imobiliária.

Contudo, para que os OKRs produzam o impacto desejado, é imprescindível que eles estejam embutidos em uma estrutura robusta de gestão do conhecimento que seja à prova do turnover, um drama para as imobiliárias. Em um mercado tão volátil quanto o de locação, o conhecimento – seja ele formal ou tácito – é o seu ativo mais valioso. A gestão do conhecimento consiste na capacidade de capturar, organizar, compartilhar e atualizar as informações críticas acumuladas ao longo dos anos. Essa prática impede que as lições aprendidas se percam com a rotatividade dos colaboradores e assegura que as boas práticas estejam disponíveis para todos, desde os veteranos até os recém-chegados.

Imagine, por exemplo, que os métodos desenvolvidos para otimizar a negociação dos contratos ou para reduzir o tempo entre o aviso de desocupação e a vistoria final sejam sistematicamente documentados e disseminados por meio de manuais, vídeos, FAQs e *playbooks* – esse conhecimento, se bem gerido, torna-se um guia permanente que eleva a eficiência operacional e reduz custos. A transformação digital, outro tema abordado neste livro, reforça que a modernização não se resume à aquisição de novos sistemas, mas abrange a integração inteligente entre tecnologias e processos.

Outro aspecto crucial é a necessidade de padronizar os procedimentos por meio dos Procedimentos Operacionais Padrão (POPs). Ao mapear os processos – do pré-atendimento à renovação dos contratos – e formalizá-los em documentos claros e acessíveis, a imobiliária não só garante uniformidade na execução das tarefas, mas também fomenta um ambiente de aprendizado contínuo. Essa padronização, aliada à gestão do conhecimento, permite que erros sejam identificados e corrigidos rapidamente, transformando desafios operacionais em oportunidades de melhoria. Além disso, a capacitação constante, seja por meio de treinamentos internos ou pela criação de repositórios de conhecimento na nuvem, torna-se indispensável para manter a equipe alinhada às melhores práticas e às inovações do mercado.

Adotar os OKRs, portanto, é muito mais do que estabelecer metas; é criar um ciclo virtuoso de revisão e aprendizado, em que cada colaborador estende sua contribuição para o todo. A transparência desses indicadores promove o engajamento da equipe, incentivando que cada erro seja encarado como uma oportunidade de evolução. Essa cultura de melhoria contínua não só reduz o Custo de Aquisição de Clientes (CAC), como também fortalece a confiança dos locadores e locatários, pois eles percebem que a imobiliária está comprometida em oferecer um serviço de excelência e em se adaptar às mudanças do mercado.

Em suma, a transformação da gestão de uma imobiliária passa por uma mudança de mentalidade: de um modelo reativo e fragmentado para um ambiente proativo, ágil e colaborativo. A integração entre OKRs, tecnologia e gestão do conhecimento cria uma sinergia que potencializa o desempenho de todas as áreas – desde a captação e negociação até a administração e manutenção. Essa abordagem holística é a chave para transformar os desafios diários do mercado de locação em alavancas para o crescimento sustentável.

Portanto, ao encarar a maratona do aluguel, lembre-se de que cada processo aperfeiçoado, cada meta bem definida e cada aprendizado compartilhado contribuem para a construção de uma operação mais eficiente, inovadora e resiliente. A prática dos OKRs, combinada com uma robusta gestão do conhecimento, não é apenas uma estratégia de gestão; é um compromisso com a excelência, que permite à sua imobiliária se reinventar continuamente e se destacar em um mercado cada vez mais competitivo. Investir na revisão constante dos processos e na capacitação da equipe é o caminho para reduzir custos, melhorar a experiência do cliente e, sobretudo, garantir que o conhecimento – esse recurso inestimável – esteja sempre vivo e acessível a todos os colaboradores, impulsionando a evolução e o sucesso no longo prazo.

A imobiliária é um operador essencial do mercado de aluguel para melhor organizá-lo e profissionalizá-lo. Com este livro, você está em melhores condições para fazer a sua parte. Desejamos sucesso na sua jornada. E lembre-se de que a ousadia move o mundo.

“No mundo dos negócios como no mundo da arte,
o que diferencia os líderes dos seguidores é
a capacidade de imaginar o que poderia ser!”
Hamel, G. E.; Prahalad, C. K. (1994)

REFERÊNCIAS

BOCK, L. *Um novo jeito de trabalhar*: o que o Google faz de diferente para ser uma das empresas mais criativas e bem-sucedidas do mundo. Rio de Janeiro: Sextante, 2015.

DOERR, J. *Avalie o que importa*: como o Google, o Bono Vox e a Fundação Gates sacudiram o mundo com os OKRs. São Paulo: Alta Books, 2019.

HAMEL, G. E.; PRAHALAD, C. K. *Competing for the future*. Boston: Harvard Business Review Press, 1994.

ROSENBERG, M. B. *Comunicação não-violenta*: técnicas para aprimorar relacionamentos pessoais e profissionais. São Paulo: Ágora, 2006.